SE EXTRAORDINARIO

Aumenta tu capacidad de vivir realmente una vida llena de paz interior con amor, integridad y alegría, con el dominio de tres pasos sencillos que los grandes maestros y gurús han estado utilizando durante siglos para capacitarse.

La ausencia del control total sobre nuestra mente y emociones, es una fuente importante del sufrimiento humano. Aprender a tener este control va a mejorar tu capacidad de ser más feliz y alcanzar la paz interior en el momento, en el "ahora".

Vas a aprender a disolver fácilmente el estrés, el miedo y la preocupación cambiando de forma dramática y permanente tu perspectiva.

I0149776

OPINION

¡Me encantó! Es un libro claro, divertido, atractivo, honesto y totalmente real, y puede ser útil para muchos. Mahima expone profundas realizaciones de una manera sencilla y accesible haciéndolo práctico y realista. – Krishna.

ISBN: 978-3-9524190-2-1
Primera edición, 2013

Portada y formato: Priya N. Chen, Mahima L. Klinge
Fotografía por: Manuel Fischer, Freshpixel Fotostudio

Guía Hacia la Paz Interior

"Vive el Momento"

Mahima Lucille Klinge

Traducción Realizada por:
Kali Tapia y
Ana Ortega

Agradecimientos

Me gustaría agradecer a las siguientes personas por su generosidad y ayuda a dar a luz a este libro. Krishna y Andy, gracias a ambos por vuestro aporte maravilloso. Priya Chen, ¡eres una dama realmente increíble! Gracias por ayudarme a crear la portada y diseñar el contenido del libro. Tus esfuerzos son muy apreciados. Mi agradecimiento a Ana Ortega por transformar mis palabras al español: ha conseguido una traducción excelente ¡cómo todo lo que hace!. Le agradezco mucho a Kali por ayudar a darle vida a este libro. Gracias por las horas y los meses que invertiste en este proyecto. Y para mi increíble marido, Kai, por su amor sin límites, apoyo y paciencia durante el proceso de escritura. ¡Menudo viaje! También me gustaría dar un agradecimiento especial a mi querida hermana, por su creencia inquebrantable en mí. Estoy muy orgullosa de la mujer tan increíble y exitosa en la que te has convertido. A mis buenos amigos: Leslie, Heinz, Cornelia, Sarlo, Leonardo, Laura y Chantal, valoro vuestro apoyo, amor y amistad.

Dedicatoria

Este libro está dedicado a todas las personas que he conocido y encontrado. Cada experiencia me ha enriquecido, me ha hecho crecer, reflexionar y me ha hecho ser mejor. Algunos me aportaron momentos de risas y alegrías, y otros lágrimas y dolor, pero todos me hicieron más fuerte, más sabia y, en definitiva, más feliz, porque me ayudaron a encontrar un amor que no tiene límites y un amor sin miedo. Es por ello que digo: ¡Gracias!

Tabla de Contenidos

INTRODUCCIÓN

El grueso cinturón de cuero golpeaba mis piernas con mucha fuerza. Yo era tan sólo una niña de siete años de edad. El sonido repetitivo de su llegada era casi tan horrible como el dolor agudo y punzante. Podía gritar, sollozar o rogar, pero no había forma de escapar de la dura realidad de estas tácticas de disciplina abusivas. Mis experiencias no eran exclusivas de mi familia, ni siquiera eran especialmente crueles, de acuerdo con ellos. Era la realidad de la mayoría de los niños que nacen en mi parte del mundo. Y sospecho que no han cambiado mucho en ese barrio en el que me crié. Incluso se podría decir que es la forma en que la gente de allí muestra su amor. Demuestran que se preocupan por ti.

¿Qué crimen tan terrible hay que cometer para ser sometido a tal tratamiento? Realmente no llevó mucho para desencadenar este tipo de reacción. La violencia en cualquier formato, tristemente sigue siendo una forma de vida para la mayoría de personas en todo el mundo. Evitamos mucho hablar al respecto. Preferimos pensar que sólo ocurre en una escala muy pequeña, y que no es demasiado preocupante. ¡Incluso los niños matan ahora! Y sin embargo, todavía nos las arreglamos para convencernos de que estamos presenciando un gran progreso en nuestra evolución y revolución espiritual. A través de nuestros pensamientos, sentimientos y acciones, somos creadores. Nacemos con la capacidad de ser hermosos seres, y a la vez, también nos da la opción de ser terribles. Espero hacer incapié en la urgencia, importancia y enorme valor de la auto-exploración individual y el auto-desarrollo.

Necesitamos avanzar seriamente lejos de la mentalidad grupal, que obviamente tiene limitaciones perjudiciales. Y en lugar de aceptar ciegamente y encajar, tal vez es hora de rebelarse con gracia y destacar.

Tres pasos maravillosamente simples, esenciales y fundamentales para la conexión con la paz interior y en el ahora, están contenidos en estas páginas. Si estás buscando mejorar tu capacidad de conexión con la paz, el amor, la compasión y la felicidad en tu vida cotidiana, entonces has elegido el libro adecuado.

Todos tenemos el potencial de mejorar, de poder despertar y ser iluminados, porque es nuestro derecho de nacimiento. No es algo especial que está al alcance de una élite, o es otorgado a unos pocos elegidos. Ésta es sólo otra distracción vergonzosa dada para mantener el control y manipularnos para continuar siendo seguidores, en lugar de florecer como líderes. Recuerda que no se trata sólo de seguir a otras personas – sino de vernos a nosotros mismos como líderes. Liderando nuestras vidas fuera de la ignorancia. Si hacemos esto, nos convertimos en una gran fuente de inspiración para otros.

No dejes que los logros de los demás te distraigan o hagan creer que la felicidad y la verdadera grandeza es una meta imposible de alcanzar. No todos tenemos que llegar a ser una Madre Teresa o un Dalai Lama para influenciar en gran medida al mundo e inspirar a las personas que nos rodean. Yo vengo de la escuela filosófica del pensamiento simple, de "mantenerlo simple" – se trata de brindar a mi mejor actitud a cada momento. Doy plenamente mi corazón en todo lo que hago. Porque incluso las tareas cotidianas y sencillas de la vida, se pueden llevar a cabo con el mayor cuidado, corazón y atención al detalle. Eso es lo que hace que la vida se convierta en una celebración continua. Un baile con la divinidad, una peregrinación sagrada, cuando puedes conectar con profunda alegría, amor pleno y paz en el aquí y ahora. Confía en mí cuando te digo que todo aquel que realmente quiere, puede hacer lo mismo. No es un don espiritual otorgado a tí por fuerzas superiores, es una opción personal nueva que haces en cada momento.

La paz nos pertenece a todos. Es el ADN de nuestras almas. Tan sólo tenemos que sintonizarla de nuevo, abrirla de nuevo...

Y de nuevo...

Y de nuevo...

Y otra vez, hasta conseguir que el estado de sentimiento de paz y la difusión de la alegría, sea tan innato como parpadear, ya que es una parte importante de lo que eres, de lo que haces y de cómo vives tu vida cotidiana. El silencio es la clave hacia la libertad interior y la fuerza personal. La integridad es la puerta de esa clave que se abre para revelar tu amor propio. En un momento, di un salto cuántico fuera de mi mente a mi corazón y aterricé en el ahora. Permíteme compartir mis aprendizajes hasta ahora.

LA PAZ ES UNA ELECCIÓN

¿Hacia dónde se dirige nuestra atención? Tenemos el poder de influir nuestra realidad exterior en gran medida a través de las elecciones que hacemos y hacia dónde elegimos poner nuestro enfoque.

El entendimiento propio te ayudará a entenderte mejor, a través de prestar atención en el tipo de pensamientos que pasan por tu mente y en las emociones que disfrutas. El entendimiento propio te permitirá cambiar tu enfoque, de lo negativo a lo positivo.

Yo aprendí a tomar mejores decisiones cuando estaba ya muy cansada de mi propio sufrimiento personal. Sufrimiento que venía de la incapacidad para dejar de pensar negativamente. Sufrimiento que me hacía aferrarme a mi pasado y preocuparme por mi futuro. Así que cuando descubrí la manera de salir de eso, ¡wow, presté atención! Cuando probé por primera vez liberarme de la negatividad infinita de mi mente y emociones, supe que acababa de ocurrir una experiencia que cambiaría completamente mi vida, una experiencia a la que iba a honrar profundamente y mantener conscientemente hasta mi último aliento.

Me gustaría exponer algunas de las más complejas filosofías espirituales en un lenguaje sencillo, para que mucha más gente pueda identificarlas y seguirlas. Los tres pasos en los que me concentraré en este libro son . . .

1. Averiguar quiénes somos más allá del cuerpo y la mente.
2. Identificar y practicar el amor incondicional.
3. Conectar con la paz interior en el ahora.

Para encontrar la felicidad en este mundo, primero tienes que encontrarla dentro de ti. Para encontrar el amor, primero tendrás que experimentar su poder en tu propio corazón. Para encontrar la paz, primero tienes que conocer tu propia paz. Cuanto más poderoso es el sentimiento de conexión con tu alegría interior, el amor y la paz, mejores serán las decisiones que hagas y más fácil se transformará la vida en el baile maravilloso que ésta es.

VIVIR EN EL AHORA

La vida es similar a una ilusión en un espectáculo de magia. Parece que es tan real, pero en realidad es sólo un truco. En este caso, la vida es un truco de la mente. La ilusión de "pensar que tenemos tiempo" nos ciega más en la creencia que la ilusión es real. ¿Qué quiero decir con "la vida es una ilusión"? Al despertar cada mañana y tener que vestirse e ir al trabajo, parece bastante real, ¿verdad? Algunos sueños también se sienten muy real hasta que te despiertas y te das cuenta, "¡Oh, gracias a Dios! Fue sólo un sueño". O, por el contrario, es posible que desees que haya sido real y no sólo un sueño. El hecho es que la estancia en el cuerpo es temporal y el tiempo que tenemos aquí en la tierra es desconocido. Esto significa que la muerte sería un repentino despertar de este estado de sueño, que nosotros preferimos llamar "vida". Lo que quiere decir que la vida es mucho más un sueño del que mueres y despiertas.

Lo bueno de despertar de un sueño, es que todo lo que estaba pasando en ese sueño se detiene. Así que si tenías miedo en el sueño, te despiertas y dejas de estar aterrorizado. Te sientes aliviado. Si estabas huyendo de algo en el sueño, dejas de huir en el momento en el que despiertas. Así que se puede decir que la muerte sería definitivamente, el despertar de este sueño que llamamos vida. De alguna manera sabemos intuitivamente que la muerte sería una especie de alivio. Es por eso que algunas personas optan por esa opción cuando las cosas se ponen demasiado difíciles de soportar.

Sin embargo, tengo una mejor sugerencia para detener el sufrimiento emocional de llegar a un punto tan extremo. Despierta en el ahora. El efecto es el mismo. Cuando te despiertas en el ahora ves claramente cómo el tiempo es una ilusión peligrosa que puede privarte de la apreciación de la vida misma. Despierta de la ilusión de tiempo y podrás ver esto: llegaste a este mundo sin nada, y no importa lo que pase mientras tanto, porque lo abandonarás con lo mismo – nada.

Y puedes preguntar por qué tanto alboroto. ¿Por qué estamos luchando, por qué nos perdemos en intensas emociones y deseos sin fin? Una buena pregunta. Sabe esto: todo es sólo un sueño, una experiencia que tiene un comienzo – nacimiento, y un final – la muerte. Despierta en el ahora. Todo sería mucho más fácil si evitásemos tomarnos tan en serio a nosotros mismos y pretender ser importantes. Eres el personaje de un sueño. Aceptar esta realidad te va a liberar de un peso de encima y evitará que sufras innecesariamente.

¿Qué sabemos realmente acerca de la vida? Sería prudente usar lo poco que sabemos para fortalecernos. Sabemos a ciencia cierta – en este momento, al menos que el cuerpo físico morirá algún día. ¿Quién sabe donde la ciencia nos llevará en el futuro? Pero por hoy, nuestra muerte es un hecho. No sabemos cuándo, por qué o cómo va a suceder, pero sabemos que la muerte del cuerpo es cierta. Es una de las verdades de las que dispone el ser humano. Espero que por el momento, esta verdad te ayude a empezar a tener una nueva apreciación. Es tan claro que lo único que tenemos seguro, es este preciso momento.

Ésta es tu vida, ahora mismo. Esto eres tú, ahora. El resto son sólo buenos y malos recuerdos del pasado, tus esperanzas y sueños para un futuro. La realidad es que tu vida tiene una fecha de caducidad. La mayoría de nosotros nacemos sin recordar cuál es esa fecha. Yo personalmente me encuentro bien, desconociéndola. Si lo piensas, en cualquier momento dado, podrías despertar de esta "vida de ensueño" a través de la muerte, como tantas personas que abandonan su cuerpo en este momento, mientras lees estas palabras. Personas, jóvenes, viejas, ricas y pobres, en todo el mundo, están unidas por la verdad que es la muerte. A la vez que despiertan del "sueño" que llamamos vida.

La buena noticia es que no necesariamente tienes que morir para despertar de este sueño. Puedes aprender a incorporar esta filosofía de morir en la filosofía de cómo vives ahora. No sé cuánto tiempo dispones para vivir, de amar, de reír y de respirar. El conocer la verdad absoluta ayudaría a tomar consciencia del momento que se otorga, daría gran importancia al arte de vivir en el ahora. ¿Estás esperando que algo importante suceda en tu vida para poder empezar a ser feliz y realmente empezar a vivir? ¿Estás esperando casarte, tener una promoción, un logro académico o una gran suma de dinero en efectivo? ¿Tu trabajo ideal, el lugar perfecto para vivir? Cualquiera que sea nuestra realidad actual, no deberíamos esperar nada ni a nadie para liberar nuestra alegría en este mundo, porque mientras esperamos a que un cambio nos de la felicidad, estamos perdiendo para siempre los preciosos años de nuestras vidas.

Sé lo mejor que puedas ser en el aquí y el ahora, y abraza fuertemente el regalo que damos por sentado – la vida misma. Sin vida y sin un cuerpo para experimentar el mundo a través de él, ¿tiene realmente algún sentido toda esta locura y el caos que la vida parece ser? Sin la vida misma, la casa por la que trabajaste duro para poder pagarla, podría muy bien ser un castillo de arena en la playa. Sin la vida misma, la licenciatura o doctorado que lograste terminar, mientras renunciabas a todos los placeres de la vida, podría ser utilizada como fondo de pantalla de fantasía. No pierdas tu capacidad de reír, de ser juguetón, de ser amable y de sentir la alegría profunda, sólo por el ideal de tener una casa en un "mundo de los sueños". Recibe la vida con los brazos abiertos y con la plena conciencia de cada nuevo momento está pasando y se está desarrollando. Ten el coraje de hacer sólo lo que trae alegría a tu corazón.

No subestimes la importancia de una actitud positiva, el buen humor y el entusiasmo para vivir, pues es un regalo para el mundo que te rodea. Cada día que tienes respira, puedes crear algo especial en el mundo que te rodea con una actitud alegre y cariñosa. No importa cuán pobre o rico eres – este momento, como la muerte, no se preocupa por eso. Ofrece empoderamiento para todos los que buscan la verdad. Estar en el ahora es la liberación de los sufrimientos del pasado y también la libertad del temor y la incertidumbre del futuro.

MI VIAJE PERSONAL HACIA LA LIBERTAD

Deja que te lleve por un viaje salvaje a través de mi pasado. Quiero compartir algunos detalles íntimos de cómo me convertí en la mujer que soy hoy. A lo largo del viaje, he reunido muchas perlas hermosas de sabiduría, regalos cosechados gracias a la navegación del océano de la vida en la calma y en el caos. Experiencias para leer y sentirte inspirado, motivado y liberado para vivir tu vida con más paz y alegría en el ahora.

En el camino de mi vida podría haber rechazado cualquier número de caminos desafortunados y no habría tenido la oportunidad de alcanzar algunos de los conocimientos que quiero compartir contigo. Descubrí la inteligencia profunda de tomar plena responsabilidad de lo que he creado con mis acciones, palabras, pensamientos y sentimientos. Lo que estamos haciendo en este momento es la creación de nuestro futuro, (un futuro que puede o no puede suceder, debido a la posible muerte del cuerpo físico, lo que debemos tener en cuenta en nuestra forma de vivir en el ahora). Así que si estás siendo productivo, centrado, tranquilo, contento y disfrutas de la vida, lo más probable es que tu futuro va a ser igual de brillante. Si estás abusando de tu cuerpo con abundantes malas comidas y bebidas o eres demasiado negativo, te enfadas y te encuentras confundido, hay muchas posibilidades de que al mirar hacia tu futuro encuentres muchas más situaciones desagradables en el mismo. Nada cambiará hasta que lo cambies, porque lo que pensamos, sentimos y hacemos, tiene un impacto directo en lo que sucede en nuestras vidas. Nuestros pensamientos, sentimientos y acciones, afectan e influencian nuestra realidad en este preciso momento. Así es cómo las personas pueden cambiar sus vidas o bien estropearlas completamente.

Esta historia personal, es una versión corta del camino intrigante que tomé para llegar en el ahora. No es una autobiografía completa, sino más bien una visión de algunas partes importantes de mi viaje para que puedas entender mejor de dónde vengo. Creo que todos nacemos con un potencial enorme – un potencial que podemos elegir para dar rienda suelta, independientemente de dónde venimos y lo que nos ha sucedido en el pasado. El ahora ofrece la elección y la oportunidad de empezar de nuevo, una y otra vez y otra vez. Vivir en el ahora crea un sinfín de oportunidades para cambiar tu actitud y por lo tanto influir en tu realidad cotidiana.

Nací Lucille Jones en Harare, capital de Zimbabue, en el año 1971. Mi padre era un músico que desapareció en algún lugar alrededor de mi cuarto cumpleaños, para no ser visto de nuevo. El apellido de mi papá era Ilunga, pero mi madre, Julia Gaffley, decidió que estábamos mejor con el nombre de Jones, como si estuviéramos viviendo en un país lleno de racismo. ¡Sí, así fue! Ella sólo eligió un nombre en inglés así, de la nada y lo puso en nuestras actas de nacimiento. Puedo entender de dónde venía, teniendo en cuenta el estado de ánimo en Zimbabue en ese entonces – el Apartheid aún tenía a Zimbabue en sus feas garras cuando vine a este mundo.

Tengo una hermana, una hermana increíble con quien tengo la suerte de tener una relación cercana, cariñosa y de apoyo. Tuvimos que trabajar en ello, ya que no siempre fue así. Mi hermana fue la primera persona en mi familia que comprendió realmente mi conexión con la meditación y la auto-realización. Ella es el otro único miembro de la familia que ha utilizado la meditación para transformarse a sí misma y a su vida por completo.

Nos convertimos en "hermanas del alma", no sólo hermanas de sangre, en algún momento alrededor de los treinta. Antes de eso, vivíamos en el mismo planeta, pero en dos mundos diferentes y hablábamos dos idiomas diferentes. Yo hablaba el lenguaje espiritual y mi hermana hablaba el material. Probablemente ella se reirá a carcajadas cuando lea esto. Algo que nos caracteriza a todas las mujeres de nuestra familia es que somos muy buenas riendo. Algunas pueden no haber vivido una vida muy feliz, pero todas somos bien conocidas por nuestras risas estridentes que no necesitan de mucho, para ser lanzadas al mundo.

Mi madre, una enfermera trabajadora y empresaria autodidacta, murió cuando yo tenía veintiseis años. Es extraño pensar que era tan sólo un año mayor que yo, ahora, cuarenta y tres años, cuando el cáncer de páncreas nos la quitó. Mamá tenía cuatro hermanas y un hermano. Mi infancia estuvo llena de tías, ya que mi tío murió en la Guerra de la Independencia. Una de mis tías también falleció cuando ella era sólo una adolescente, a causa de una infección en la pierna que la llevó a tener un derrame cerebral. En mi infancia, mis tías nos cuidaron con frecuencia, fue por ello que la disciplina nos llegó de todas direcciones.

Voy a explicar más sobre el comentario espiritual-material relacionado con mi hermana. Mientras yo estaba buscando la paz interior en la India, meditando durante horas, mi hermana estaba trabajando muy duro para ganar la libertad financiera. Incluso se podría decir que era adicta al trabajo. Las dos estábamos buscando la liberación del pasado que nos podría llevar a un futuro mejor. Me parecía que la libertad se hallaba en las búsquedas espirituales, mientras que mi hermana la encontraba a través de la creación de dinero, algo para lo que ella dispone de un talento increíble.

Durante mi tiempo extenso en Asia, algunas veces yo regresaba a casa para estar con mi hermana, que siempre ha sido muy cariñosa y amable conmigo, a pesar de que hemos tenido nuestras cuotas de grandes peleas y desacuerdos a través los años. Ella nunca me visitó mientras yo estaba viviendo en Asia, y creo que esto fue lo que causó que creciésemos separadas. Cuando comenzamos a vivir juntas en Suiza, tuvimos tiempo para realmente descubrirnos la una a la otra.

Nuestra infancia podría ser descrita como una tragicomedia siempre y cuando tengas un buen estómago para el humor negro. En torno a la edad de cinco años, nos vimos obligadas a vivir con mi abuela y su novio "el borrachín", que tenía una insaciable sed de alcohol. Mi abuela era un personaje oscuro, era aprensiva y estaba de mal humor en aquellos días. Ella siempre estaba preparada para lanzarnos una palabra dura: era una mujer de poco afecto y de poca alabanza. Las reglas en su casa eran estrictas y se tenían que seguir a la letra o de lo contrario nos llevábamos una paliza. Incluso si nos hacíamos pis en la cama, que es algo que los niños hacen cuando crecen de forma natural, se le daba extrema atención, y nos metía en serios problemas. Te veías obligada a crecer o de lo contrario, tenías que enfrentarte a las consecuencias. Su difícil relación con el borrachín – una palabra de la jerga bien utilizado en el barrio – puede haber sido una de las razones por las que el humo parecía salirle constantemente por las orejas. En aquel entonces había por lo menos un borrachín en cada calle en Sunningdale – una característica y un signo de la clase baja de personas de color en ese tiempo. Recuerdo una vez cuando mi hermana y yo llegamos a casa de la escuela. Yo tenía unos ocho años de edad. Vimos a el borrachín balanceándose salvajemente mientras orinaba en el suelo del pasillo, justo fuera del dormitorio que compartía con la abuela. Nos reímos con asco y horror, y sabíamos que esa noche la mierda iba a golpear el ventilador cuando la abuela llegara a casa. Poco después de este incidente, mi abuela lo echó, y me gustaría poder decir que ella vivió feliz para siempre. Digamos, que vivió.

Mi padre, el ególatra musical, parece haberse desvanecido en el aire. Se dice que abandonó a mi madre en algún momento después de mi nacimiento y volvió a aparecer cuando yo tenía cuatro años. Es comprensible, que nadie quería tener nada que ver con él en ese momento. Ni una sola señal de vida había llegado de él hasta el día en que volvió a aparecer. ¿Te imaginas cómo debe haberse sentido mi madre de haber tenido dos bebés con este tipo que "iba y venía", y que había prometido estar de vuelta dentro de un par de semanas y del cual nunca se había sabido nada de él durante tres años?. Ella era apenas una adulta cuando nos tuvo y cuando empezó a aguantar esta situación agotadora. Cada día que pasaba sin noticias, debe haberle roto el corazón. Los días se convirtieron en semanas, las semanas se convirtieron en meses y los meses se convirtieron en años. Lo que los humanos nos hacemos unos a otros, especialmente lo que hacemos a las personas que se dice amar, es vergonzoso. Los niños necesitan del amor incondicional de ambos padres. Los padres deberían asegurarse de no permitir que sus diferencias y problemas personales roben la inocencia a sus hijos. Una vez dicho esto, es evidente que esto no siempre se puede evitar.

Poco después, mi padre volvió a aparecer y se enfrentó con la ira de todas las mujeres Gaffley y muy rápidamente desapareció de nuevo. Esta vez, él se iría para siempre. Bueno, algo así fue. Cuando yo tenía unos doce años, una carta de él apareció. Tenía una dirección de retorno en Suiza. Supongo que su camino le había llevado allí como músico. Tal vez, incluso participó en el famoso Festival de Jazz de Montreux. Después de que escribimos otra vez y nunca recibimos una respuesta, para nosotros entonces, ese fue el final. La esperanza se perdió de nuevo, después de que la historia se repitiera y la semana se convirtiera en meses y los meses en años sin contacto. Otra vez me había roto el corazón. Desde que casualmente ahora vivo en Suiza, a veces me gustaría preguntar cuando veo a un hombre negro de más edad en la calle: "Papá, ¿eres tú?" Sí, lo sé, eso es raro, ¿no? Y probablemente nunca sabremos qué fue de mi padre.

Mi abuela todavía vive hoy en la misma casa donde yo vi a papá por última vez hace tantos años. Todo lo que recuerdo de él es un grande y fabuloso afro, pantalones de campana de color azul claro, botas altas de plataforma negra y una camisa amarilla con flores impresas, con un chaleco de color azul claro a juego con los pantalones. Desde que tenía sólo cuatro años, supongo que se podría decir que siempre he tenido un buen ojo para la moda y la atención al detalle. También se podría decir que mi capacidad de ser "la observadora" fue despertado por el drama de ese último encuentro con mi padre. A partir de entonces he tenido la capacidad de tomar el mundo a mi alrededor, verlo y vivirlo en todo su glorioso esplendor e intensidad.

Recuerdo que la última vez que vimos a nuestro padre fue bastante dramática. Él había estado gritando porque quería ver a sus hijas.

Mi hermana y yo estábamos encerradas en el patio trasero, donde había un gallinero, algunos árboles frutales y un huerto abundante. Podríamos ver a papá a través de los espacios entre las láminas de metal que quedaban conectados entre sí para hacer una valla. Mi abuela abrió una manguera y comenzó a rociar a mi padre con ella agresivamente mientras que él gritaba tercamente, con sus botas altas y ajustados pantalones de campana, mientras intentaba sobrepasar la verja de la puerta que estaba cerrada. Enfadado por el agua en su cara y pelo Afro, finalmente papá dio marcha atrás y se fue, maldiciendo y gritando todo el camino por la calle. Mi hermana y yo, que de alguna manera sabíamos intuitivamente que algo realmente significativo había pasado, lloramos fuertemente con ese profundo sentimiento con el que no te sale ningún sonido, pero hace que tu boca se congele bien abierta, mientras las lágrimas corren por tus mejillas, la boca sólo se cierra momentáneamente para gemir dolorosamente y aspirar oxígeno nuevo, que impide perder el conocimiento. El trato duro de mi abuela hacia nuestro padre aquel día, era alarmantemente y ya muy familiar para nosotras. Sin embargo, después del tratamiento abominable de mi padre hacia mi madre y hacia nosotras, ¿quién puede culparla?.

Veíamos a mi mamá al menos una vez al mes mientras vivíamos con mi abuela Católica-Romana, por un período de tiempo tan limitado, que se sentía como unas sentencias de condena perpetua, una después de la otra, en una prisión de máxima seguridad. El trabajo de mamá en el hospital suponía que tenía que trabajar una gran cantidad de turnos de noche, fines de semana y días festivos también. Esta situación de vivir con mi abuela se prolongó durante cinco años. Las razones ofrecidas por eso, eran el dinero y nuestra educación. Mi madre no podía permitirse una guardería, ni una escuela decente cerca de la casa de mi abuela, a los que la "gente de color" pudiera ir. Incluso las escuelas eran segregadas en esa época.

Finalmente llegó el día cuando pudimos regresar con mamá y su pareja. Mi padrastro, Frank Langford, era un inglés que tenía treinta años más que mi madre. Nos sentimos aliviadas cuando nos enteramos de que nuestros días en la casa de la abuela habían terminado. La noche anterior, la pasamos casi sin poder dormir de pensar que nuestra madre vendría a recogernos.

La alegría duró poco cuando se hizo evidente que Frank tenía las manos largas. Se aprovechaba de nosotras en cada oportunidad que tenía; comenzó lenta y sutilmente y con el paso de los años, esta situación se hizo cada vez más desagradable. Esto probablemente será una gran sorpresa para mi familia, o quizá, ¡tal vez no! ¿Quién sabe qué oscuros secretos son capaces de esconderse en las familias, por razones que en la mayoría de los casos son incomprensibles?. La revelación de la verdad puede ser a veces más estresante y aparentemente causa más conmoción, que afrontar el horror a lo ocurrido, o lo peor es, que la historia se siga repitiendo.

Mi hermana se llevó la peor parte. Mi naturaleza ardiente que todo el mundo decía que siempre tenía, pudo haberme salvado. Sin embargo, cada día tenía que lidiar con las manos que vagaban por mi pierna o alarmantemente agarraban mi trasero o acariciaban un pecho. Una vez Frank me metió su asquerosa lengua sabor a cigarrillo viejo en mi garganta, justo en la cocina, mientras recogíamos los platos juntos y mi madre estaba en la habitación de al lado viendo Dallas. Me quedé en choque profundo y casi vomité, sin embargo, no dije nada, haciéndome cada vez más introvertida. Muchas veces quise soltarlo a mi mamá, pero no me atreví a decirle nada. Su último novio, Arthur, también le había mal roto el corazón. Él era de Portugal. Después de vivir con mamá por algunos años, prometiéndole la luna y las estrellas, simplemente desapareció de nuevo a Portugal y ni siquiera le dejó una llamada telefónica o una carta. ¡Parecía que ella no podría aguantar una decepción más y de ese nivel! Sin trabajar con el perdón, a través del poder del amor incondicional, estamos en riesgo de perder nuestra sensibilidad a lo que realmente sentimos. Un corazón que se ha endurecido y manchado por el desamor, atraerá al tipo equivocado de relaciones de amor a nuestras vidas. Es por ello que mantener un "corazón puro" es de suprema importancia. En los próximos capítulos voy a compartir con ustedes precisamente cómo hacer esto.

Nunca nadie nos habló sobre el abuso sexual, así que no estábamos preparadas para ello en lo absoluto. También, debido a que éste comenzó lentamente durante años, era muy confuso, y el miedo a hablar era grande, sobre todo porque en nuestra cultura nos habían enseñado que los adultos siempre tienen la razón. En la mayor parte de África, ésta es la ley de la tierra y sin importar cuál sea su argumento o preocupación, los niños no tienen voz y no están protegidos contra el abuso o exceso de violencia por parte de los adultos, a menudo se les hace sentir responsables de todo lo malo que les sucede. No me atrevo a pensar con qué frecuencia el abuso de menores se ejerce en África y lo que es peor, es impune.

Al parecer mi carrera como rebelde comenzó a una edad temprana. Mis tías suelen hablar de cómo, desde el momento en que pude hablar, carecía de miedo a enfrentarme a ellas, desafiando su autoridad con mis pequeños ojos ardientes que agujereaban sus cráneos cuando estaba de pie con mi pañal blanco de algodón, y pataleaba indignada con exigencias imperiales. Debido a esta actitud, a menudo se me cruzaba una zapatilla, cinturón de cuero, o un palo de rosa (era como una rama/ látigo mortal, recién cortado de un árbol de melocotón, para golpear a un niño), o un collar de perro con picos o una hoja grande de palma. Mi hermana era lo opuesto a mí, como ya se los he contado. Ella era muy bonita, tranquila y mucho más obediente que yo. Pero incluso ella no escapó a los golpes de castigo de la dura disciplina. Recuerdo una vez que podía oír sus gritos y golpes por todo el camino en la calle después de que algún vecino había afirmado que había hecho algo muy malo.

Una parte de mi infancia de la cual tengo muy buenos recuerdos es de cuando fui a la escuela. ¡Me encantaba! Yo era una buena estudiante, y los profesores estaban encantados conmigo. Era definitivamente la favorita del profesor en cada grado. En la escuela: "aplicada", se traducía como "inteligente" y era muy reconocido. Era un lugar donde podía brillar, obtener elogios y recibir afecto. Al final de cada año en la escuela secundaria, los certificados eran otorgados a los tres mejores estudiantes y siempre recibía uno de estos certificados, (para gran disgusto de mis compañeros de clase). Incluso en la escuela secundaria esta historia de amor continuó. Realmente adoraba mi tiempo en la escuela, pues era una forma de estar lejos del drama y la rabia que parecía ser y tener mi vida familiar.

Mis amigos de la escuela y yo estábamos muy unidos. Pasábamos todo el tiempo que se nos permitía, jugando a la rayuela juntos y a otros muchos juegos que nos inventábamos con medias viejas o con piedras que encontrábamos en el jardín. "Piedritas" fue uno de mis juegos favoritos – haces un pequeño hoyo en la tierra y lo llenas con piedritas pequeñas. Luego tomas otra piedra y la arrojas al aire y recoges una cierta cantidad de piedras del agujero y mientras que la otra piedra está en el aire. Si logras atrapar la piedra en el aire, avanzas al siguiente nivel y pierdes tu turno cuando la piedra cae al suelo. No teníamos juegos de ordenador en ese entonces, por lo que el juego Piedritas, nos mantenía ocupados durante horas. Con poco dinero para los juguetes, nos vimos obligados a ser muy creativos jugando con amigos bajo el sol africano, con los pies descalzos y un toque salvaje. En la casa de mi abuela disfrutaba mucho de la conexión con la naturaleza.

Amaba el silencio, solía sentarme sola en el banquillo blanco a la sombra del limonero grande que teníamos en la parte delantera del jardín, balanceando las piernas (entonces flacas), juguetonamente hacia atrás y hacia adelante, absorta en el olor de los limones mientras escuchaba la pájaros y las abejas, sintiendo la brisa cálida besando suavemente mis mejillas. Mirando hacia el colorido jardín de flores, profundamente contenta de poder descansar allí, suspendida en un momento perfecto.

Otro aspecto de mi infancia que me trae buenos recuerdos, es la reunión familiar que teníamos todas las Navidades. Todos los primos, tíos, abuelos y los demás, se reunían para una gran fiesta. Estos fueron los placeres del momento, estilo Zimbabue, por supuesto!. Todo el mundo solía traer sus mejores platos, pasteles y su mejor comportamiento. El *braii* (la barbacoa) se componía de bonitos cortes de carne de res y nuestras salchichas favoritas. El estado de ánimo estuvo lleno de vida, con divertidas historias compartidas que recibían grandes carcajadas. Mi madre y sus hermanas estaban muy unidas y eran muy solidarias entre sí. Recibíamos regalos de todas. Aunque los regalos eran cosas, sobre todo prácticas, como un nuevo par de zapatos para la escuela o algo de ropa interior, era muy divertido verlos acumularse. Además, todos los niños por lo general, recibían un bonito vestido o traje para las ocasiones especiales. La fiesta familiar siempre terminaba con el baile, algo que siempre hubiese querido elegir como profesión, si la vida no hubiese tenido otros planes para mí. Incluso cuando solamente tenía cuatro años, me situaba en mi lugar: en el centro del círculo del baile, mientras que todos gritaban del placer, de ver mis movimientos de Michael Jackson. Sí, estos eran muy buenos momentos.

Las cosas en casa con Frank llegaron a tal extremo, que en algún momento alrededor de mi decimocuarto cumpleaños intenté suicidarme. Tomé una botella entera de analgésicos que el médico me había recetado después de una operación menor en la mano, un par de meses antes. Lo único que recuerdo es que llegué a casa, del hospital, débil y aturdida, y recibí una llamada de mi abuela. Me gritaba tan fuerte que tuve que mantener el teléfono lejos de mi oído: "¡Tú, niña estúpida! ¿Cómo pudiste hacerle esto a tu madre? ¡Eres una egoísta, niña estúpida!!!"

Recuerdo haber deseado que el intento de suicidio hubiese funcionado. Ella ni siquiera me preguntó por qué lo había hecho, o trató de entender la miseria que podría haber estado sintiendo para hacer semejante cosa. Dios nos libre si pudiese decirse la verdad. Dios prohibía, si tenías sentimientos y una opinión que importara.

Mi intento de suicidio no fue discutido entre los miembros de la familia. Si se mencionó alguna vez, fue sólo para regañarme y presentarme una prueba más, de mi verdadera naturaleza malvada. Recuerdo la sensación de anhelo de despertar de la pesadilla en la que se había convertido mi realidad cotidiana. Era como si estuviera viviendo una doble vida. En una de las vidas, yo era esta niña despreocupada, llena de alegría, que era audaz y a veces tenía mareos de felicidad. En esos momentos yo estaba totalmente absorta en esa libertad natural que los niños tienen, esa libertad que se manifiesta con dolor de vientre de tanto reír y con el profundo amor sin límites por los amigos con los que jugaba todos los días. En mi otra vida, me sentía sola, desconectada y atrapada en la prisión de mi mente adolescente. ¡Gracias a Dios que la muerte me había rechazado firmemente! En algún momento, la paz me encontró, y aprendí cómo permanecer conectada a la libertad de esa niña y a la felicidad que está más allá de los brazos arrebatadores de la mente inquieta que trata de robarnos nuestra "pureza de corazón".

Empecé a modelar después de que un cazatalentos de una agencia me viese en una obra escolar. Yo estaba bailando y haciendo el playback de un papel principal en la obra *Gatos*. Bailar era mi pasión más grande antes de encontrar la meditación. Estaba practicando ballet hasta la edad de doce años y luego incursioné en la danza moderna. Yo solía ver la serie de televisión *Fama* religiosamente, robando movimientos y obteniendo inspiración. Ir a bailar, era escapar a un mundo donde nada era posible y me hacía sentir que podía elevarme por encima de todo.

Esas tardes que pasé audaz y atrevidamente tocando los preciosos discos de mi mamá, bailando como una loca durante horas, fueron mis primeras experiencias conscientes de ese éxtasis interior increíble y de paz. El movimiento me sacaba de pensar y me hacía disfrutar el momento. Cualquiera que fuese la tristeza, el miedo y la duda que podía estar sintiendo, desaparecían totalmente cuando bailaba. Podía perderme en la música, la magia, el momento. Sentí paz, me sentí libre y me sentí feliz de estar viva. Me sentí conectada. El mundo parecía más hermoso y esperanzador cuando estaba bailando. Esos largos momentos de baile por la tarde, eran realmente mi primera experiencia de la meditación profunda, aunque en aquel entonces, no tenía ni idea de que eso era lo que estaba haciendo. Perdía la noción del tiempo y llegaba a ser una entidad con el mundo y la música cuando cerraba los ojos y movía las caderas, entonces, me retorcía y giraba por horas volando por el aire, creando hábilmente mi propio cóctel embriagador de ballet, *modern jazz* y el *hip-hop*.

Mi abuelo también fue un gran bailarín e incluso ganó algunos premios en los bailes de salón. Ser feliz parecía algo natural para él. Recuerdo que a menudo iba sonriendo, bailando y disfrutando el momento. A pesar de que él nunca tuvo tanta riqueza, se podía ver que se sentía como un hombre rico. Él se encontraba conectado de forma natural a su propia alegría interior, excepto (trágicamente) cuando bebía alcohol y el Dr. Jekyll se convirtió en el Sr. Hyde. A pesar de que él provenía de la familia más pobre, uno nunca lo sabría por su apariencia. La mayor parte de su familia todavía vivía en chozas de barro y cocinaban en una chimenea abierta, mucho después de que él había dejado su pueblo en busca de una vida mejor para él. Visitarlos, siempre fue un viaje especial para nosotros, los niños suburbanos, especialmente porque no había electricidad, ni agua corriente. Lo peor eran los inodoros de abono. El abuelo siempre estaba elegantemente vestido con un traje elegante con zapatos negros que relucían tanto, que se podía ver su reflejo en ellos. Él era un aventurero, muy abierto de mente, teniendo en cuenta sus antecedentes conservadores. Salió de su casa en Zimbabue a pie y viajó a Sudáfrica, donde conoció y se enamoró perdidamente de mi abuela.

Recuerdo llevar a mi abuelo a la Reeperbahn (el famoso barrio rojo de Hamburgo) en una de sus visitas a Europa. Sus ojos casi se salieron de su cabeza. Nunca había visto algo así en toda su vida.

No hay nada como eso en Zimbabue. No podía dejar de reír durante días después. Él se echó a reír al recordar a los travestis que él había pensado eran mujeres. Incluso me lo llevé a un peep show como parte de su gira educativa europea. Los zimbabuenses no están acostumbrados a la desnudez. Mucha gente ni siquiera nada, así que no han desarrollado el hábito de tomar el sol en traje de baño. Tengo que decir que después de vivir un invierno en Europa, me convertí rápidamente en una maníaca del sol – ¡eso sí en bikini!

A los catorce años, yo estaba ganando mi propio dinero – gran cantidad de dólares en comparación con el salario promedio. Tenía el sueño de hacer algo grande con mi baile y el modelaje. Me fue bien en Zimbabue, convirtiéndome en algo así como una supermodelo, haciendo diferentes desfiles de modas, algún baile, comerciales de televisión, anuncios en periódicos, etc., semanalmente. Recuerdo que a veces me quedaba dormida en la escuela porque había estado trabajando por la noche. El fin de semana, normalmente tenía espectáculos y más ensayos.

Fui a la escuela hasta que terminé mis grados. Me hubiera encantado continuar con la educación superior, pero tuve que salir temprano, porque los avances sexuales de mi padrastro comenzaron realmente a incomodarme aun más. En el momento en que dejé la escuela, yo fuí la primera en mi familia en pasar los niveles escolares en el primer intento. Fue todo un logro, especialmente para alguien a quien siempre se le llamaba estúpida o "haragana".

Como estar en casa ya no era una opción para mí, tuve que empezar a trabajar jornada completa y dejé la escuela cuando tenía sólo diecisiete años de edad. Me mudé a un albergue de chicas. Necesitaba el permiso de mi madre para vivir en el albergue porque aún no tenía dieciocho años. Ella se negó a dármelo, lo que no me dejó otra opción más que decirle la verdad acerca de Frank. Ella firmó el documento de inmediato, y el "tema" nunca se discutió de nuevo, hasta que unos años más tarde, lo traje de nuevo como parte de mi proceso de "dejar ir" después de mi despertar.

Un corazón manchado por el dolor, el miedo, la decepción y la angustia, no puede actuar como debe y puede incluso parecer tener una voluntad rota sin sentido propio. Todos hemos conocido, posiblemente, este sentimiento en algún grado menor o mayor. Pero, ¿porqué una mujer inteligente, razonable y cariñosa continuaba con un hombre que había estado abusando sexualmente de sus hijas durante años?

Saqué de nuevo y a propósito el "tema", porque quería saber por qué nunca se había debatido en el momento en que me estaba mudando de la casa. También quería entender por qué mi mamá había seguido con Frank, incluso después de saber lo que él había hecho. Esa conversación fue muy incómoda para las dos, pero también ayudó a acercarnos. Me dió la oportunidad para cerrar y "poner en práctica mis enseñanzas" poner en práctica el perdón. El perdón es un elemento esencial que necesitamos trabajar todos los días si queremos ser felices. Mi madre simplemente lloraba y no me podía mirar a los ojos. Se disculpó por no tener el valor de hacer más, entonces y ahora. Continuaron juntos como pareja, hasta el día en que ella murió. Frank nunca se enfrentó y nunca tuvo que rendir cuentas de sus acciones. Incluso Frank necesita mi perdón, para que yo sea feliz en el ahora. Vivir en paz en el ahora exige lo mejor de nosotros, sin compromiso. El perdón viene a través de la comprensión del amor. El amor es lo que hacemos cuando estamos dispuestos a ir más allá de los límites de nuestro ego. ¿Cómo perdoné a Frank? A través de entender que tenemos que extender el perdón y la compasión a todos los seres (sin excepción), si buscamos la liberación del sufrimiento personal. El perdón es la voluntad de renunciar a nuestra culpa, la ira y el resentimiento, para convertirse en la encarnación del amor. Esto significa no sostener ninguna mala voluntad ni siquiera a nuestros peores enemigos. Esto significa "dejar ir" a través de la práctica del perdón. Todos los seres humanos, el bien y el mal, son el resultado de la conciencia colectiva a la que todos contribuimos. Es por ello que la transformación individual es la clave para lograr el cambio que queremos ver en el mundo.

El hostal era un lugar emocionante y refrescante. Fue allí que experimenté mi primera experiencia de la edad adulta y la libertad. Seguía modelando y bailando en mi tiempo libre, pero también trabajaba jornada completa en una tienda de venta de ropa de alta moda para ricos empresarios. Entonces recibí un bienvenido ascenso repentino – me pidieron que ayudara a poner colecciones juntos para la tienda. El gerente de la tienda se dio cuenta de que tenía un don natural para la moda, combinado con un ojo agudo para el detalle. Ayudé a elegir las telas e incluso esbozado algunas ideas, que se incluyeron en las nuevas colecciones.

Incluso sin entrenamiento formal, tengo capacidad en todas las cosas creativas, como la pintura, la decoración de interiores, la cocina y otras cosas. También me gusta especialmente "transformar" a mis amigos e incluso a las personas con las que trabajo – si me permiten hacerlo. La mayoría de las personas no se dan cuenta de lo hermoso que son y se visten mal para reflejar esta falta de confianza. Me encanta ver sus caras cuando se dan cuenta de lo que han estado escondiendo de ellos mismos y los demás.

También me gusta escribir e incluso he escrito, cantado y producido mi propio CD de música, *Perlas de Sabiduría, los secretos de un corazón abierto*. En definitiva, es una especie de diario musical que expresa los sentimientos que tenia y ¡una manera de salir de mí! Mi hermana es, entre otras cosas, un cantante muy talentosa y compositora que me inspiró a darle una oportunidad también. Nos encanta la música – parece fluir por las venas. Podría ser algo que heredamos de nuestro padre.

La creatividad es alimento para mi alma. Necesito expresarme creativamente para florecer en esta vida. Es importante encontrar lo que alimenta tu alma con luz positiva. Si quieres ser feliz, es un elemento esencial. Cuando cumplí los dieciocho años, otro golpe de suerte me llevó a una gran oportunidad. La señora que dirigía la agencia de modelos que estaba trabajando para el decidido esfumarse de un día para otro. Ella saltó a un avión a Estados Unidos para seguir sus propios sueños, dejando al dueño en una gran pánico – y nunca se supo de ella. La tienda y la agencia de modelos donde trabajaba tenían el mismo propietario, así que cuando me enteré de lo que estaba pasando, me ofrecí como voluntaria para "mantener la fortaleza" de la agencia hasta que se encontrase una solución. Así es como conseguí el trabajo de ejecutiva en la Agencia Zollies Modelado, una de las principales agencias de modelos en Zimbabue en ese momento. Unas semanas más tarde, también contrataron a una señora maravillosa llamada Gae. Hacíamos un equipo dinámico. Estaba viviendo mi pasión. Yo era joven y estaba sana. Me encantaba lo que estaba haciendo y estaba haciendo muy buen dinero. Durante un breve lapso de tiempo, estaba emocionada – mi vida era buena. Todo iba perfectamente – ¡hasta que me casé!.

Amor

Ya me habían roto el corazón en pedazos a los catorce años, cuando mi primer novio, Kevin, tuvo relaciones sexuales con una de mis mejores amigas. Vamos a pensar en ello, eso fue un doble golpe. ¡Auch! Yo tenia la misión de permanecer virgen hasta cumplir los dieciocho años. Así que la mayoría de nuestros encuentros no pasaron de un beso. Sin manos errantes con la ropa puesta y "¡Por favor! ¡Gracias!" Me sorprendió saber que las niñas de mi edad se atrevían a tener sexo. Viniendo de una familia de mujeres, había oído a menudo los comentarios de que al final de las vidas llegaría el momento en el que despertásemos y empezásemos a tener relaciones sexuales y quedar embarazadas. El aborto fue totalmente ilegal en Zimbabue, y el embarazo adolescente era desenfrenado y sin duda un pecado que te dejaría quemándote en el infierno por toda la eternidad. Yo estaba suficientemente aterrorizada con el sólo pensamiento y quise poner todo de mi parte para evitar ese destino.

¿Está consciente el cristianismo de lo terrible que la idea del infierno significa para un niño? Sé que estaba asustada de la ira de Dios por un tiempo muy largo. Tenía tanto miedo de que el diablo viniera a buscarme y si yo estaba sola, no podía dormir con la luz apagada hasta que cumplí veinticuatro años. Eso cambió después de unas semanas en Lucknow con mi maestro Papaji (a quien pronto te presentaré). Acababa de salir de la cama una noche y para mi propia sorpresa apagué la luz. Y ese fue el final de ese viaje. El miedo se había ido. Papaji me mostró que no había nada que temer, porque existen dualidades como el bien y el mal sólo en la mente. Cuando se puede ir más allá de la mente, se ve que sólo hay una fuente de la que todo se levanta y a la que vuelve. Esta fuente cuando lo experimentas directamente es la energía positiva más cálida, envolvente y el devoradora que nunca sabrás. Es como estar a salvo y caliente en el vientre de tu madre. Esta energía alimenta tu alma y creces. El miedo se derrite como la nieve que cae en un día cálido de primavera en la presencia de esa energía. Esa energía se encuentra, despierto o dormido, dentro de cada corazón humano.

Ahora, yo ya no creo en el diablo, como tampoco creo en el infierno. Nuestro libre albedrío puede crear el infierno en la tierra para la gente que nos rodea y para nosotros mismos. Lo único que va a dejar de hacer cosas malas es tu conciencia. El precio que podrías pagar por sus llamados "pecados" es tu propia cordura – como es evidente en la gente que hace cosas muy malas a otras personas. Parecen terminar con problemas mentales en algún nivel.

La mayoría de ellos viven sin pena ni siquiera la conciencia de que lo que hacían estaba mal. Así es como el Holocausto, la esclavitud y el apartheid pudieron suceder. La falta de compasión y consideración por los sentimientos de otras personas parece corroer nuestra buena naturaleza, dejando nada más que una cueva vacía donde nuestra humanidad que solía ser. ¿Por qué, si "Él" podría, no "Dios" les detiene? ¿Podría ser porque la verdad del asunto es que sólo las personas que hacen cosas malas podrían haber dejado de sí mismos, puede detenerse a sí mismos, por encontrar alguna manera su camino de regreso al corazón amante de la paz? Al encontrar su camino de regreso a una verdadera compasión y respeto por los demás seres humanos.

Neville, mi primer novio a largo plazo, había abandonado la escuela y trabajaba de aprendiz en una fábrica de herramientas. Era alto y musculoso de tal manera que hizo que mis hormonas adolescentes se volviesen locas. Él siempre tenía grasa negra debajo de las uñas, pero también tenía más encanto del que era legal. Recuerdo cómo, después de tan sólo nuestra primera reunión, tuvo las pelotas para llamar a nuestra puerta. Cuando encontró a mis padres por primera vez, de alguna manera se las arregló para convencer a mi mamá y a Frank el pedófilo – quien, irónicamente, era un oficial de policía – que debían dejarnos (a mi hermana y a mí) salir a un baile. No sé cómo lo hizo, pero con toda seguridad, fuimos puestas en libertad para mezclarnos con la gente de nuestra misma edad en una fiesta, comiendo suculentos bistecs y bebiendo Fanta. Yo tenía quince años, y esta cita era el paraíso en la tierra. Hasta entonces, ni siquiera se me había permitido ir a la discoteca de la escuela, que era algo que reprochábamos a nuestros padres por – privarnos del gozo de "agitarnos" a ritmos calientes con nuestros amigos de la escuela. Se comentaba que estas discotecas eran acontecimientos épicos de las que se hablaba durante meses, antes y después. Por desgracia para nosotros, las discotecas eran aparentemente las locaciones favoritas del diablo para recrutar mentes jóvenes a unirse a su equipo.

Neville incluso se las arregló para convencer a mis padres y sus padres que debía pasar la mayoría de los fines de semana en su casa. Estrictamente no se nos permitía vernos el uno al otro durante la semana. Esa fue la única regla, que la cara y los encantos de Neville no consiguieron romper. Él vivía en el garaje de la casa de sus padres. A pesar de que el acuerdo era que él tenía que dormir en la casa principal y compartir la habitación con su hermana Charmaine, él por supuesto me colaba en su habitación cuando estaba seguro de que todos en la casa estaban inconscientes. Nos reíamos, hablábamos y jugueteábamos la mayor parte de la noche, y al amanecer regresaba de nuevo a mi cama. Sé que es un maldito milagro que nunca tuvimos relaciones sexuales, pero es verdad. No sé cómo me las arreglé para que cualquier trabajo escolar fuera realizado en esos fines de semana, pero mis notas nunca decayeron. Salimos durante tres años, de los quince hasta los dieciocho años y en contra de todas las probabilidades y las apuestas de la familia que yo iba a estrellarme y arder y terminar con un embarazo por descuido. Continúe con el plan de llegar virgen – hasta los dieciocho años. Creo que ya sabes cómo pasé la noche de mi décimo octavo cumpleaños.

Entonces llegó Chris, mi primer marido, y mi vida se volvió totalmente al revés. Me había convertido en una persona más feliz en el momento en que nos conocimos. Salí de casa, tenía un gran trabajo en la agencia de modelos y un novio genial que me adoraba y que podía hacerme reír, disponía de todas las maravillas para elevar mi autoconfianza. Yo me encontraba en un muy buen lugar.

Chris era suizo. Nos conocimos en la guarida de una discoteca en Harare. La discoteca del Archipiélago era un elegante patio de recreo para la gente de todos los colores, nacionalidades y grupos de la misma edad. Él se acercó a mí, abriéndose paso entre la multitud, con los ojos sin dejar de mirarme. Sin presentarse, me preguntó con voz muy preocupada, "¿Te sientes mal?","¿Por qué lo preguntas?", Le contesté, mirando alarmada, mientras ajustaba mi gran pelo de los años ochenta y contaba rápidamente en mi cabeza el número de vodkas naranja que había consumido. Me había dado cuenta de que él me había estado mirando desde hace algún tiempo.

"Porque...", dijo, riendo abiertamente: "no has bailado durante cinco minutos ahora". Era cursi, pero me hizo sonreír. Estaba en lo cierto. Había estado allí durante al menos tres horas seguidas y una escena normal era llegar a la pista de baile del Archipiélago y perderme totalmente en ella.

Salimos durante dos años antes de casarnos. Celebré mi vigésimo primer cumpleaños el mismo año en que nos casamos y para los veintidós, estaba firmando los papeles del divorcio. Chris era diez años mayor que yo. Todo el asunto nunca tuvo una oportunidad. Él me cortejó y saco de los brazos y los encantos de Neville con cajas gigantes de chocolate suizo delicioso, enormes ramos de flores, perfumes caros, varios restaurantes de lujo y varias copas de champán – cosas que nunca me había podido permitir, antes de que Chris me introdujese a ellos. Durante el tiempo de AC (Antes de Chris), yo había vivido una vida sencilla, ahorrando todo el dinero que podía, para poder escapar de Zimbabue. En realidad no era mucho. Chris era un buen tipo, pero no sin su propio conjunto de problemas. Había habido mucho drama en su infancia también, pero no voy a entrar en los detalles. Tuvo éxito y físicamente era alto, moreno y guapo, sobre todo cuando lo mantuve lejos de sus queridos chocolates suizos y su Coca-Cola). Él tenía un apetito insaciable, tengo que añadir que su plato favorito era pasta con mucha mantequilla. Chris tenía su corazón en el lugar correcto y un travieso sentido del humor, pero él se tomó como rutina: el aparentar ser siempre un chico divertido. Un ejemplo de esto fue el grabado en mi anillo de boda: "A mi amada PITA". "Pita" era el apodo con el que él me llamaba y se traduce literalmente como: un "dolor en el culo". Con eso escrito en mi anillo de boda, el matrimonio fue sin duda condenado.

Durante la tormentosa y reveladora relación con Chris, aprendí mi primera gran y fundamental lección de vida: "El dinero no puede comprar la felicidad o la paz de la mente, pero seguro que puede comprar zapatos bonitos y bolsos"". Una excelente lección para salir del camino, mientras todavía eres joven, ¿no te parece? . Todos sabemos que la sensación de estar convencido de que si pudiéramos conseguir más dinero, tener nuestras deudas pagadas, comprar el auto de nuestros sueños y enviar a nuestros hijos a las mejores escuelas, la felicidad y la paz de la mente sin duda finalmente serían nuestros. No se puede negar que el dinero puede comprar las comodidades, pero puedes estar seguro de que la felicidad no es una de ellas. La fuente de la felicidad está en el interior de cada uno de nosotros y no fuera. Muchos de los que han adquirido todo lo que siempre soñaron, avalan esto.

Durante el tiempo de DC (Después de Chris), comencé a darme cuenta del lío que tenía emocionalmente. Habiendo sido criada como católica romana, significaba orar todos los días antes de cada comida y antes de acostarme, así como asistir a la iglesia todos los domingos. Estas visitas incluyen vergonzosas confesiones privadas cara a cara con el sacerdote local blanco, el Padre Thomas. No había pantalla, tan sólo el pálido rostro del sacerdote, yo mirando hacia abajo y él en su silla especial y con sus ropas especiales. A medida que me arrodillaba humildemente a sus pies – sentía especialmente vergüenza de haber nacido.

Mi religión, además de asustarme, también me llenó de dudas y vergüenza y no me ofreció la paz de mi mente en lo absoluto. Crecer con ambos padres fuera, me parecía que Dios no estaba haciendo un buen trabajo cuidando de mí y que no estaba respondiendo a mis oraciones. Estaba enfada con Él, pero demasiado asustada para admitirlo. Sólo podía imaginar la mirada en el rostro del Padre Thomas si hubiera podido hacerle frente y haberle dicho: "Ahora déjame decirte lo que pienso de tu Dios... él es terrible y a él no parecen importarle mucho algunas cosas". En aquel entonces, incluso se les permitía a los sacerdotes golpearte, si pensaban que esto serviría para poner un poco de sentido de nuevo en ti. Siempre he visto mucha hipocresía en los que predicaban la palabra de Dios. La situación era muy confusa.

Yo tan sólo tenía veintiún años cuando Chris y yo nos casamos. Tenía demasiado equipaje y él también. Nuestra relación duraría tres años y medio. La generosidad financiera de Chris, junto con la nacionalidad suiza que gané cuando nos casamos, me dió un nuevo nivel de libertad cuando nos separamos. Los zimbabuenses están básicamente, presos en su país, a menos de que sean muy ricos. Entonces son ellos, los que pueden comprar su salida, e ir hacia la mayoría de los países. Con un pasaporte de Zimbabue no puedes viajar a cualquier parte sin visa y una carta de invitación de un anfitrión. No anfitrión – no visa. A no ser, que puedas demostrar grandes fondos en tu cuenta bancaria. El disponer de la posibilidad de moverme por el mundo libremente, ha sido una enorme bendición en mi vida. Yo siempre digo que mi vida está resultando mejor de lo que jamás podría haber planeado!.

El amor, la felicidad y la paz, eran estados de ánimo que anhelaba mucho durante mi matrimonio con Chris; pero como la mayoría de la gente, no tenía ni idea de cómo alcanzarlos. Por el momento, tenía veintitrés años y me sentía como si fuesen un centenar. Cualquiera que se haya divorciado, sabrá a qué me refiero. Es un proceso agotador. Estaba cansada de llorar, de encontrarme perjudicada, de peleas, de los sentimientos de desesperanza y me odiaba mí misma por no ser digna de recibir amor, pero sin tener idea de cómo dejar de sentirme de esa manera.

Si no sabes quién eres, cómo ser feliz contigo mismo, cómo ser independiente de lo que está sucediendo a tu alrededor, incluso la gran abundancia no te traerá la paz mental. Chris y yo teníamos todo y debíamos haber estado eufóricos, pero simplemente peleábamos mucho y ambos nos hicimos maestros en cómo hacer sentir al otro más miserable. Vivíamos en una casa que tenía un impresionante jardín, una piscina y hasta un jacuzzi al aire libre. Teníamos ayuda en la casa: un jardinero y una criada que se hacían cargo de todos nuestros caprichos. Tuve una carrera glamorosa. Habíamos viajado mucho a París, Londres, Nueva York y así sucesivamente. El mundo era mi ostra. ¡Ojalá hubiera sabido cómo disfrutar de las ostras!

Ahora bien, no creo que no me gustase a mí misma y por supuesto, también tuvimos algunos maravillosos, divertidos y apasionados momentos juntos. Tengo unos magníficos recuerdos de esas aventuras de cuento de hadas que teníamos. Estar con Chris me hizo sentir como una princesa. Pero en última instancia, nuestra falta de felicidad personal como individuos, no nos hizo posible vivir juntos en armonía. Había mucho qué culpar y señalar con el dedo y muy poca posesión y responsabilidad.

La verdad, por mucho que podamos seguir ignorándola, es que esta felicidad de la que te hablo, no tiene nada que ver con lo mucho que tenemos o no tenemos en un momento dado. Nos aferramos obstinadamente a la idea de que tener cosas, va a ser la solución a nuestros problemas. Cuando tu tranquilidad o la alegría interior "en el Ahora" depende del éxito material, entonces nunca estarás verdaderamente contento. A causa de nuestros deseos siempre queremos más. Cuando obtienes lo que quieres, una vez más quieres algo más y este ciclo continuará indefinidamente – a menos que lo pares y te permitas disfrutar plenamente y apreciar el momento, como es ahora.

Cuando Chris y yo nos divorciamos, decidí que tenía que salir de Zimbabue para un nuevo comienzo. El país se sentía demasiado pequeño para nosotros dos. Después de una serie de eventos complejos y locos y aventuras increíbles como: la decisión de dedicarme a mi pasión por la cocina, conocer a la bella Princesa Diana, una breve escala de *rock-and-roll* en Milán y un encuentro inquietante con un dios italiano, finalmente me encontré en un lugar en el que nunca pensé que iba a terminar, nunca en un millón de millones de años: en la India, en un ashram, vestida con una larga túnica blanca, meditando sobre un frío suelo de mármol.

Antes de que experimentara este ashram en Pune, ni siquiera sabía o podía imaginar, que un lugar tan maravilloso pudiera existir en el mundo. India era fascinante y embriagadora: los colores, el olor del aire, el caos, los saris, el oro, los mendigos, los yoguis, la pobreza, rickshaws, los cantos y bailes, la adoración, la lluvia del monzón, los veranos insoportablemente calientes, los mercados increíbles y las variaciones de alimentos delirantemente encantadores. Por doquier, tus sentidos te abofetean despierto. Me sentí como si hubiera aterrizado en otro planeta. Me parecía estar haciendo el amor con el mundo que me rodeaba. La India fue orgásmica en su espectacular belleza intensa y la macabra indiferencia a tus sensibilidades. Muy pronto me enamoré de ella y de lo que despertó en mí.

En el ashram me sentía como un oasis en el desierto. Era un lugar fresco, lleno de plantas, flores y personas exóticas. Incluso el aire allí, parecía estar lleno con algo extra: luz, paz y esperanza. No tenía ni idea cuando llegué y a pesar de mi escepticismo total, me conmovió el sólo estar allí. Si puedes, imagina la perfecta combinación de la inocencia y la ingenuidad arremolinándose alrededor de mí, mientras caminaba a través de ese ashram en ese primer día – ¡veintitrés años tenía y pase allí a hasta los treinta!.

Ahora me doy cuenta de que mi viaje espiritual comenzó mucho antes de que yo estuviera consciente de estar en medio de un viaje. Todo lo que me había pasado, servía de preparación para lo que sucedería después. Cada experiencia fue colocada perfectamente en el camino de mi vida, así que estaba dispuesta a escuchar la verdad y a ser puesta en libertad. Ahora me gustaría compartir contigo, las tres personas en mi vida que han contribuido en gran medida, a todo lo que soy ahora. El conocerles, me ha enriquecido y a través de su amor, he aprendido y por su orientación y guía, quedo eternamente agradecida.

Osho

Osho es un controvertido gurú indio que ha dejado algunas personas divididas en su opinión sobre él y lo que sucedió en sus comunidades. Como he mencionado anteriormente, mi enfoque siempre ha estado en mi propio crecimiento espiritual y no en él o en la multitud que lo rodeaba. Me gustaba personalmente y me alegro de que él y sus enseñanzas llegasen a mi vida. No puedo decir que estoy de acuerdo con todas las decisiones que tomó, pero yo creo que se adelantó a su tiempo y pensaba fuera de la norma convencional.

Él era un hombre muy provocativo y muy inteligente. Ya había dejado su cuerpo cuando llegué a su ashram en algún momento en 1993. Fue allí cuando me senté en el suelo de mármol blanco de su hermoso Salón de Buda y mis ojos internos se abrieron. Sucedió durante mi primera meditación en la primera sesión de grupo de la tarde. Un viejo video de uno de los discursos de Osho se estaba mostrando como se hacía cada noche en una celebración llamada la Hermandad Blanca Robe. Qué suena más siniestro de lo que era. Todo el mundo tenía que llevar un bello manto blanco a la reunión.

Osho, proyectado en una pantalla gigante, hablaba muy despacio, como si estuviera acariciando su alma con sus palabras. Recuerdo que me resultó muy divertido al principio, pensando: "¡Increíble todo lo que está pasando!" Se veía tan tranquilo y contenido. Su voz, uno de sus mayores dones que poseía, era clara, elocuente y llena de una gran pasión y convicción que procedía de algún lugar muy profundo. Sinceramente, nunca había oído a nadie hablar desde un lugar tan poderoso.

Lo que estaba diciendo no era nuevo para mí. Era un material que siempre había conocido. Nunca tuve la oportunidad de conocer a alguien cuyo foco fuese la felicidad en lugar de la tristeza, el positivismo en lugar de la negatividad y la gratitud más que en la ingratitud. Fue refrescante, muy estimulante y atractivo. Hasta ese día, no tenía ni idea acerca de la meditación o meditar. Nunca había leído un libro espiritual en mi vida, excepto partes de la Biblia. Había llegado a este lugar a través de la recomendación de un sexy dios italiano que he mencionado antes. Claudio había visitado Osho Ashram muchas veces mientras Osho aún estaba vivo y cuando vio la mirada de triste desesperación en mis ojos, supongo que pensó que necesitaba desesperadamente algo que este lugar podría ofrecerme.

Claudio nunca me explicó mucho sobre lo que podía esperar hallar ahí, pero sí que lo describió como uno de los lugares más hermosos del mundo en el que jamás había estado. Yo estaba intrigada y lista para algún tipo de aventura cuando él sugirió que dejara mi plan de volar a Miami y me subiera a un avión a la India en su lugar. Sin pensarlo mucho, dije: "¡Sí!" Y compré un billete de ida a Bombay. Veinticuatro horas más tarde aterricé en la India, sola. Después de pasar una noche muy extraña en Bombay, que incluyó el beso de una rata a las tres de la mañana en un hotel de paso (¡que no te miento!), me tomó un viaje en taxi de dos horas a Pune en el asiento delantero de un taxi que conducía a velocidades de vértigo, haciendo ruidos con fuerza y violentamente todo el camino.

Así que ahí estaba yo, mirando a Osho en una pantalla grande, escuchando con gran concentración y enfoque en cada palabra que decía. Tenía una barba peculiar y larga de color sal y pimienta y llevaba una túnica larga de seda azul, ricamente adornada y un reloj de diamantes, el más grande que he visto en mi vida. La energía a mi alrededor era demasiado tranquila para hacerme sentir miedo, aunque estaba muy fuera de mi zona de confort. No tenía ni idea en ese momento de que mi vida estaba a punto de cambiar por completo. Algo inimaginablemente grande iba a sucederme, allí mismo, en mi primer día de Osho Ashram.

Sus palabras comenzaron a quemar un agujero en mi mente cerrada y su sencilla sabiduría poderosa, penetró las gruesas capas de mi escepticismo. Empecé a relajarme. Respiré profundamente y decidí que me gustaba este tipo Osho y podía entender por qué lo veneraban con gran respeto los cientos de personas que me rodeaban. El momento de mi transformación comenzó con una pequeña sonrisa en mi cara que se convirtió en un intenso sentimiento de felicidad. Sus palabras agitaban emociones profundas en mi ser: "Este momento es todo lo que realmente tenemos" – pausa larga, "¡Haz de todo momento: una celebración!" – otra pausa, "Una vez que la celebración penetra tu ser, ésta continúa, entonces no hay necesidad de vacaciones, toda la vida se convierte en una celebración". También él respiró profundamente y con una de sus pobladas cejas levantadas elegantemente dijo, "Suelta la tristeza del pasado y las futuras preocupaciones. Empieza el día con toda la belleza que está a tu alrededor, aquí y ahora, el mundo está lleno de belleza, tú estás lleno de belleza. La vida es aquí y ahora y la mente no está aquí ahora, vé más allá de la mente!"

A medida que su voz suave e hipnótica explotó suavemente del silencio, con la mirada ardiente que me penetró desde la pantalla; su presencia inmarcesible flotaba en el espeso silencio que rodeaba a sus palabras, tejiendo y uniendo de nuevo los pedazos de mi corazón roto, con un delicado hilo invisible de la compasión pura. Fue entonces cuando mi enfoque cambió totalmente y experimenté estar completamente presente y relajada en el ahora. Este fue el momento en mi vida en el que comencé a vivir y dejé de esperar a la muerte. Durante un minuto, yo era una mujer triste, cansada y sola, con muchas cosas pasando por mi mente y con emociones que agobiaban. Al minuto siguiente había encontrado la paz en mí y me sentía como si el mundo y todos sus problemas simplemente se hubiesen desvanecido a mi alrededor. La sensación descendió sobre mi ser como una poderosa avalancha cálida que destruyó todo en su camino. Sólo un profundo silencio se quedó donde mi mente inquieta había estado, donde mis emociones negativas habían vivido desenfrenadamente fornicando y multiplicándose, fue sólo una ternura pulsante dulce y suave. Era una sensación tan buena, como la que se obtiene cuando se mira a través de la superficie más tranquila y más suave de un lago, sobre la cual, el sol baila apasionadamente, pero con la máxima delicadeza. Me sentía más clara y más tranquila como nunca me sentí antes. Esta experiencia me cambió entonces de manera que sólo se hizo evidente en las semanas que se desarrollaron posteriormente Nunca fui la misma después de esa noche.

El silencio en mi cabeza era tan profundo, que lo sentía fuerte. Alguien había pulsado el botón de pausa. La tristeza y el temor que me habían presionado inconscientemente durante mucho tiempo, se derritieron fuera de mi mente y de mi cuerpo, como cuando el chocolate se derrite en la lengua – suave y dulcemente – simplemente deliciosamente. Una fuente de buenos sentimientos se abrió dentro y burbujeó a través de todos mis sentidos. Dejé de sentir lástima por mí misma, tan de repente, como una fuerte lluvia que a veces termina abruptamente.

Las lágrimas rodaban por mis mejillas ante tal experiencia tan exquisita. Yo no quería abrir los ojos ni moverme para no interrumpir el proceso. Me quedé allí sentada, quieta y contenida, mucho tiempo después de que el video de Osho llegase a su fin y hasta que el último de los cientos de seguidores que se habían reunido allí esa noche, se había ido. Cuando finalmente me moví, me puse de pie con las piernas temblorosas, que ya se habían dormido. Me sentí transformada, con el poder y todavía muy ligada a estas nuevas y maravillosas sensaciones de profunda paz y felicidad intensa. Estando por mi cuenta y habiendo sólo llegado ese día, no tenía a nadie para hablar de lo que acababa de experimentar y lo que aún estaba experimentando, así que sólo me volví a mi habitación de hotel y me quedé en la cama con un suspiro de felicidad. Me sentía ebria de estos nuevos sentimientos alegres y me quedé dormida en minutos.

Dormí muy profundamente esa noche y cuando me desperté, seguía sonriendo. Recuerdo que me sentía extraña. Fue la primera vez en mi vida que me había dado cuenta de que acababa despertar con una sonrisa. Gracias a Dios que no fue la última vez. Tan pronto como tuve mi desayuno en la panadería alemana, un lugar bien conocido para *sannyasin* Osho, regresé a mi habitación de hotel y me senté a meditar. Todavía no tenía idea de lo que realmente era la meditación o la forma de hacerlo, pero yo sabía que quería mantenerme en contacto con esta nueva paz mental, que este lugar y el increíble Osho me habían revelado.

Durante ese primer vuelo a solas dentro de mí, acabé sentada durante horas. Me sorprendí después, cuando miré mi reloj. ¡Dos horas habían transcurrido! Repetí lo mismo esa noche, contemplando con asombro mi mundo interior recién descubierto. Esta rutina se prolongó durante los próximos siete años. Cada día iba a meditar durante un mínimo de cuatro horas al día. Fue fácil meditar – me encantó. Se sentía como algo para lo que había nacido.

Me sentaba en silencio, sólo observando mis pensamientos. Podía ver de donde venían y donde desaparecían. Rápidamente me di cuenta de que a través de esta observación de mis pensamientos y mi enfoque en el silencio en medio de ellos, el silencio empezaba a crecer y crecer hasta que no hubo pensamientos en lo absoluto. Tan sólo hubo largos tramos de silencio roto por algunas imágenes al azar. Desde que el pensamiento negativo había causado tanto estrés durante mi vida, sobre todo los meses antes, durante y después de mi divorcio, esta capacidad de estar en paz conmigo misma y libre de pensamientos, era sumamente refrescante y liberadora. Me deleitaba en ella. Me di cuenta de que nunca tendría que haber sido víctima de mis pensamientos y sentimientos negativos, si hubiera podido dominar el arte de: simplemente ser. A través de la meditación, uno puede aprender a conectar con la paz interior, independientemente de lo que está sucediendo exteriormente en la vida de uno en un momento dado.

Esta paz recién descubierta, era mi secreto. Nunca hablé sobre mis experiencias con nadie. Me di cuenta de que muchas personas en el ashram luchan con ellos mismos. Ellos estaban haciendo una gran cantidad de talleres y sesiones de grupo para ayudarles a experimentar un gran avance. Instintivamente sabía que tenía que proteger mi experiencia maravillosa de la mente de escépticos y de el juicio de los demás. Los seres humanos podemos cambiar tan fácilmente cuando sucede algo que no podemos entender o incluso aceptar.

Así que en los próximos seis meses que estuve en el ashram, me fui en silencio y disfruté lo mío. Aprendí mucho más en esos meses sobre la espiritualidad, la energía, el amor, el sexo, la meditación, la verdad y la libertad, que lo que había aprendido en toda mi vida hasta este punto. Vi a cada momento como una oportunidad para poder ser feliz y estar contenta en el ahora y en la práctica. Con tantas oportunidades para practicar, no se puede fallar. Me encantó estar en silencio conectada con la energía de la alegría y la paz profunda que llegaba al levantarme. Era como una niña en una tienda de dulces. Nunca tenía lo suficiente de este sabor a libertad.

Me mudé a Lucknow para conocer a Papaji después de seis meses de absorber por completo las enseñanzas de Osho y disfrutar de la increíble profundidad, creatividad, vitalidad y de la diversidad de su increíble ashram. Esos meses estuvieron llenos de historias salvajes, extrañas y maravillosas. Digamos que mi pasión por la vida empezó allí, porque me desperté y aprendí a disfrutar el momento. Este despertar me puso en contacto con algunas energías poderosas y nuevas formas de experimentar el mundo. Esto atrajo a algunos personajes interesantes con quien compartí experiencias muy alucinantes. Esto fue bueno porque me permitió ver las infinitas posibilidades que el despertar puede ofrecer y pude elegir mi propio camino, en este camino en las primeras etapas. Las experiencias que tuve con algunas de estas personas increíbles, me hicieron ver algunas cosas importantes que me mantuvieron firmemente en el camino correcto. La manera correcta para mí.

Me di cuenta de que lo mío no era hablar con los ángeles o santos o gente muerta. Prefiero una conversación directa con mi propio corazón. Lo mío no es el desarrollo de los poderes chamánicos que pudieran hacer caer lluvia del cielo a mi mando. Sé que suena divertido, pero rápidamente me di cuenta de que también podría haber trabajo con energía de alta peligrosidad, especialmente cuando se tiene al maestro equivocado. El tipo que trató de enseñarme estas técnicas, por desgracia, resultó ser un personaje muy oscuro. Tampoco me interesó la adivinación del futuro, pues prefiero no saber lo que podría suceder el día de mañana, es mejor solo ir con la corriente. Me gusta crear y modificar mi realidad como voy, desarrollando mis propias habilidades intuitivas para predecir el resultado de mis acciones. Yo no querría tener experiencias extrañas fuera de mí, como tomar el cuerpo de un pájaro y luego volar por el cielo. Conocí a personas que decían que podían hacer eso. Y definitivamente tampoco iba a conseguir montarme en una nave espacial con alguien que creía ser mitad extraterrestre y mitad humano. La línea entre la ficción y la realidad llegaba a ser borrosa a veces y me encontré con todo tipo de buscadores de conocimiento que te puedas imaginar. Mi viaje dentro y fuera se desarrollaba entre lo surreal y lo sublime. Ahora, no me malinterpretes, yo estaba lo suficientemente abierta como para tener algunas experiencias muy inusuales y maravillosas con todas estas cosas. Pero supe que esto no era lo mío. Prometo compartir más detalles de estas historias algún día.

"Cada uno a lo suyo, cuando no se hace daño a nadie". No tengo nada en contra de las personas que buscan estas experiencias, pero sé que en última instancia, puede distraer la atención de lo que se está buscando realmente, en primer lugar: sólo una buena paz interior en el aquí y en el ahora. Estos encuentros me hicieron darme cuenta que esto era realmente todo lo que yo buscaba.

A través de la autorrealización, los regalos vienen de una forma natural: una poderosa voz de la sabiduría desde el interior, una intuición afilada y la capacidad de conocer las cosas, da una claridad mental y una comprensión profunda de que no eres solamente tu cuerpo físico. Todo esto brinda libertad y permite ser más flexible, tolerante y abierto. También empecé a notar pequeñas cosas a las que nunca antes había prestado atención, como el olor del aire, la danza cambiante de la luz, la intensidad de los colores, etc. Estaba más viva que nunca, era como vivir en cámara lenta, sin tiempo, ni espacio, muy diferente de lo que era haber estado en el rebobinado rápido: hacia adelante o hacia atrás.

Tan grande como lo que fue en Osho Ashram, yo sabía que mis alas habían crecido y era el momento de elevarme a niveles aún más altos de auto-desarrollo. Sabía que necesitaba un maestro vivo que me mostrara qué hacer, para dar el siguiente paso – otro salto cuántico. Pude ver cómo las enseñanzas de Osho fueron mal interpretadas o reinterpretadas por algunos de sus discípulos para adaptarse a la mentalidad de "somos seguidores en vez de líderes". Ellos creían que nadie podría ser tan grande como él, porque él era un genio. Tenía una memoria fotográfica que le dio acceso a todos los conocimientos que había absorbido de los libros, junto con su asombroso poder para llenar a la gente de luz. Él ciertamente era impresionante. Sin embargo, no pude evitar la sensación de haber perdido de vista el hecho de que él era sólo un espejo y un ser humano como nosotros. Ya era hora de salir del nido familiar y reconfortante de Osho, para buscar respuestas a las preguntas que aún tenía sobre la autorrealización.

Sabía que nunca podría volver al mundo superficial del modelaje. Estoy firmemente en contra de lo que la cultura de modelo hace a la autoestima de una mujer. No sólo a la mujer modelo, sino a todas las mujeres. Imagina, esta modelo con el sueño de convertirse en una gran chef. Me encanta comer y el trabajo de modelo, además del afán por comer, me hubiesen hecho un ser miserable cada segundo del día, porque cada bocado que tomaba estaba lleno de temor y de culpa. El modelaje es mucho menos glamoroso cuando estás detrás de las escenas, y en estos días puede ser incluso peor, cuando las chicas se consideran demasiado viejas, incluso a los veinte años. La industria de la moda utiliza a niñas y a adolescentes para torturanos y hacernos sentir mal por cómo nos vemos. ¿Por qué seguimos permitiendo que esto suceda? ¿Qué efecto causan estas imágenes en la autoconfianza de nuestros niños y niñas o jóvenes? Esto tiene que acabar. Sin embargo, seguimos siendo fieles a las revistas que publican estos extremos, para mantener la industria de la moda.

Una historia interesante fue cuando a principios de los años noventa estuve en Los Ángeles por trabajo y paramos en un restaurante llamado: Spargo, una cadena entonces popular. Yo estaba en el baño de mujeres y desde mi cabina oí a una mujer casi llorando con desagrado por la cantidad de grasa tenía y lo infeliz que era todo. ¿Puedes imaginar mi conmoción y horror cuando salí y ví a una depampanante y hermosa Claudia Schiffer, mirándose a sí misma con disgusto en el espejo y a punto de echarse a llorar ?

En ese momento la Sra. Schiffer salía en todas las noticias de las revistas, su hermoso rostro y cuerpo atormentaban a las mujeres de todo el mundo. Ella era la supermodelo que cruzó las fronteras con su éxito. Desde Tokio hasta Los Ángeles, la gente conocía su nombre y era el cuerpo de la rubia que mataba. Se le veía absoluta e increíblemente deliciosa y bella. ¡Hubiese ido al infierno por la oportunidad de ser como ella! Mis ojos apenas podían creer lo que estaban viendo y mis oídos estaban aconsejándome decirle que dejase de decir tonterías. Sabía que después de ese día iba a tener que buscar otra cosa qué hacer, algo que se me hiciese bien. Si Claudia estaba tan preocupada por su cuerpo, ¿qué oportunidad tendría yo de ser feliz en una industria así?

También al ver bailarines profesionales capacitados en el ashram, descubrí que no sería a ser capaz de competir en Europa o en Estados Unidos con ese nivel de profesionalismo, ya que yo sólo contaba con lo auto-aprendido en danza moderna y contaba ya con veintitrés años de edad. Entonces sentí cómo el viejo "yo" de Lucille, fue transformándose en alguien nuevo, obteniendo algunos buenos hábitos, mientras perdía algunos malos Al obtener nuevos sueños, mi vida ganó enfoque, dirección y nuevas prioridades.

Poco antes de que decidiera dejar Pune, decidí que estaba lista para participar en la gran ceremonia en el ashram, donde a cada uno se le da un nuevo nombre. Decidí que usaría el nuevo nombre sólo si me gustaba más que el nombre que ya tenía. Recibí el nombre Prem Mahima, que se dice que significa: "Majestad del amor". No hubo duda alguna. Pero quité el Prem – ya que hacía todo el asunto demasiado largo – y me convertí simplemente en Mahima para todas las personas que conocí desde ese día. Fue una transformación tan convincente que todos los miembros de mi familia ahora me llama "Mahima", excepto en las ocasiones en las que "Lucy" se desliza en contra de su voluntad o como una prueba de mi paciencia. Me pregunto qué dirían si supieran que me llamaban "Majestad".

EL PAPEL DEL PROFESOR

Como orientación, el profesor es un aspecto importante en el auto-desarrollo individual, y me gustaría destacar la importancia de considerar buscar la guía de un maestro, entrenador, predicador, gurú o cualquier otra figura de autoridad con la que se pueda trabajar.

Es importante encontrar a alguien que "camine lo que predica" y hable desde el corazón, no desde la mente. He tenido un par de corazones asombrosos guiándome. Lo importante es no caer en la mentalidad grupal. Siempre habrá una multitud en torno a los maestros que quieren que pienses o actúes como ellos lo hacen.

No quieres que la gente decida tu destino, para dictar lo que eres y lo que puedes o no puedes lograr. En la mayoría de los grupos dirigidos por un maestro (líder), encontrarás que la multitud que lo rodea, cree que su líder, gurú, maestro, sacerdote, rabino, médico, es quien está en la cima de la pirámide. Entonces hay una brecha considerable, y luego viene el resto de nosotros. Si compras esta creencia, vas a seguirla ciegamente, apagando tu capacidad de confiar y tener el poder de tí mismo. Observa profundamente en los grupos religiosos o ashrams con maestros y líderes poderosos, y encontrarás esta creencia pudriéndose en su núcleo, para quitarle poder a las masas que los siguen. Mantén tu enfoque en el maestro y sus enseñanzas, y no en el grupo.

Utiliza al maestro para crecer. Entrega tu ego y aprende todo lo que puedas. Pero no creas en la idea de que el maestro es mejor que tú. Esto bloqueará dramáticamente tu capacidad de crecer. Puede ser cierto que un profesor ha descubierto algunas cosas, a las que el alumno aún no sabe cómo acceder, pero eso no significa que él o ella sea mejor que tú, sólo diferente. Los maestros que están demasiado interesados en centrarse en lo poco que sabes en comparación con ellos, deben activar tus sonidos de alarma. Ten cuidado – la gente puede ser diferente de nosotros sin ser puestos en lo alto de un pedestal (o a la inversa, nosotros tratándoles como ciudadanos de clase baja).

Haces bien en recordar que los profesores, independientemente de cuán grandes y sabios puedan parecer, también son humanos. Incluso con su gran sabiduría, pueden cometer errores, perder la calma o ser imperfectos. Estar consciente y despierto no te hace menos humano. Buscar la perfección en otros seres humanos es una pérdida inútil de tiempo precioso. Busca a alguien que te haga sentir cómodo, alguien con el que te puedas abrir hasta que creas realmente que te está hablando desde ese corazón profundo, que te hace sentir movido, incluso a pesar de tu escepticismo. No te apresures a huir cuando pases más tiempo con ellos y descubras: "Oh, ellos son humanos también".

Saber esto, te ayudará también a ser más tolerante y paciente contigo mismo. Digo todo esto, porque he visto tantos buscadores de la paz que se pierden en glorificar a sus maestros y parecen haber olvidado la razón primordial por la que vinieron a ellos. Se pierden en la aparente grandeza del maestro en lugar de aprender de ellos.

Mantén el enfoque en tí mismo. Piérdete en tu propio corazón, en tu propia grandeza. Esto ayudará a encontrarte verdaderamente a ti mismo y no te pierdas en el maestro. Respétales incluso con admiración, pero no les glorifiques y creas que ellos han llegado a un nivel que nunca podrás alcanzar. Sólo se puede poner un límite a tu propio potencial y a lo que es posible. Hay una razón del por qué los maestros de gran integridad dirán: "No hay diferencia entre nosotros". Cree en ellos.

No compares tu vida con la de tu maestro, presbítero, modelo o gurú. ¿Quién sabe lo ilustrado que te sentirías, si tuvieras gente a tu alrededor todos los días adorándote totalmente, escuchando atentamente cada palabra tuya, cuidando cada uno de tus deseos y todo ello, con la máxima devoción, respeto y amor? Supongo que se sentiría: *¡fanfreakingtastic!*

¿Quién sabe cómo sería caminar en sus zapatos – de pie en la cola en el supermercado en un concurrido sábado por la tarde, estar en el tráfico de la hora pico después de un largo día en el trabajo, o despertar al amanecer para alimentar a los niños hambrientos antes de apresurarse para salir y estar todo el día en una oficina?

¿Quién sabe? Ellos no podrían sentirse *¡fanfreakingtastic!* Así que mantén por favor tu enfoque en el aprendizaje de cómo puedes conseguir la confianza y autoestima que ellos tienen. Esto es lo que ha contribuido a su capacidad para manifestar la vida que tienen. Averigua qué es lo que les da esa increíble convicción y claridad porque están viviendo su sueño.

Aprende, pero no envidies o des culto y te hagas pequeño. Utiliza los conocimientos del profesor para enriquecer y transformarte a ti mismo y a tu vida. Es imposible que la vida siga igual cuando te empiezas a conectar realmente contigo mismo. Las cosas que no pertenecen a tu verdadero ser se apartarán de ti y de tu vida. Esto puede incluir cambios de trabajo, la clarificación de las relaciones, tal vez incluso de mudarte a un nuevo país o ciudad. Los milagros han ocurrido y siempre están sucediendo en mi propia vida, debido a mi compromiso enamorado que tengo con el silencio.

Los profesores son sólo espejos que te reflejan a ti mismo. Cualquiera que sea la grandeza que se ve en ellos, una inmensa belleza y fuerza también están en ti también. Eres propietario de ellas, abrázalas y despierta en tu propia fuerza interior y sabiduría. Estás tomando importantes decisiones cada día y éstas darán forma a tu vida de acuerdo a donde centres tu atención. Comienza a cambiar tu enfoque, si deseas ver un cambio en tu vida. Los tres pasos importantes que te voy a dar van a ayudar a centrarte y te traerán más paz, amor y felicidad en el momento.

Mantente siendo persona, piensa por ti mismo y conviértete en tu propio maestro. Eres mucho más inteligente espiritualmente que el crédito correspondiente que te das. Es por eso que la mayoría de lo que vas a leer, ya lo sabes en algún nivel. Esto sólo será un recordatorio para darte un impulso extra y salir de lo más profundo de la superficialidad y alcanzar tu espiritualidad natural.

Este libro no pretende desarrollar habilidades para oran a alta energía. Incluso no tienes que creer en Dios para tu beneficio personal, porque esto tiene que ver más con la conexión, con la integridad, la compasión, el amor, la bondad y la generosidad que hay en ti, que es algo en lo que todos podemos trabajar, independientemente de nuestras creencias religiosas u orientación espiritual.

Papaji

Cuando yo – Mahima / Majestad – llegué a Lucknow, nada podría haberme preparado para lo que estaba pasando allí. Entré por una pequeña puerta lateral a una casa grande y antigua, en medio de un barrio suburbano llamado Indira Nagar. Un caballero mayor de rostro redondo, con aspecto de fiereza feliz, se sentó en una silla muy elegante que había sido magníficamente decorada con cientos de flores frescas. Estaba rodeado de un centenar de personas sentadas a sus pies. Su cabeza se balanceaba suavemente al ritmo de la música en vivo que se estaba reproduciendo por sus estudiantes. Se veía muy majestuoso en un kurta blanco deslumbrante. Guirlandas de flores naranjas rodeaban juguetonamente su cuello. Su cabeza calva era tan brillante, que podías imaginar que había sido pulida.

Se podía ver que había personas de todas partes del mundo, reunidas allí en esa habitación. Algunos tenían los ojos cerrados, pareciendo totalmente felices y llenos de alegría. Algunos miraban a Papaji como si acabara de descender directamente de las nubes. Otros estaban cantando con pasión y se mecían hacia adelante y hacia atrás. Unos pocos iban hacia sus pies, otros estaban con la cabeza echada hacia atrás o con los brazos en alto que agitaban suavemente el aire y había también lágrimas de alegría que corrían por algunas caras.

El aire era eléctrico – lleno de energía, potencia y gran entusiasmo. Me puse de pie a un lado, mirando fijamente tratando de no juzgar, pero fallando miserablemente. El escepticismo que había perdido la primera noche con Osho, había aparecido de nuevo en mi mente. Me preguntaba cómo, y en todo caso, qué iba a encajar en esta nueva y muy interesante configuración. La sesión estaba terminando el primer día que llegué. Así que no tuve la oportunidad de meditar y ver si algo era diferente al estar alrededor de este maestro – que todavía estaba en su cuerpo.

Lo iba a descubrir más tarde, esa noche al estar cerca de Papaji que sin duda abrió nuevas puertas de experiencia. Cuando salí de la relativamente pequeña sala (en comparación con el gran Buda enorme Salón de Osho), él se detuvo frente a mí. Me di cuenta de que era un hombre muy alto, con una presencia aún más alta. Me preguntó de qué país era. Le di mi mano y me presenté, respondiendo a su pregunta. En ese momento, la multitud alrededor de él se echó a reír. Él parecía divertido también, pero cortés y suavemente me dio la mano. Esto provocó más oleadas de risas de su atento auditorio, que parecía reaccionar a cada movimiento que él hacía. A medida que miramos a los ojos de los demás intensamente – en esos breves segundos – decidí que este chico Papaji tenía su corazón en el lugar correcto.

Él se trasladó y se detuvo para hablar con otras personas entre la multitud. El público también se movió, como su sombra. Cuerpos apretados para acercarse a él, y ahí fue cuando me di cuenta de que la gente buscaba su pie y lo besaba apasionadamente. Entendí por qué la gente se habían reído tanto de mi saludo con apretón de manos. No era el protocolo de por aquí. Recuerdo risitas a mí persona: "¡Eso nunca lo haría yo!". Arrastrarse a los pies de alguien, me parecía extraño, indigno e innecesario. Cabe decir que a las pocas semanas de mi llegada allí, sí... yo también me tiraría con todo el corazón a la tierra. Yo también estaba besando esos viejos pies ásperos – que tenían ochenta y pico años de vida – con tanto gusto y entusiasmo, ¡como si fueran los tiernos pies de un bebé!

Durante nuestro breve encuentro, la primera tarde, Papaji me invitó a cenar en su casa esa misma noche. Tuve una experiencia inusual y un tanto alarmante en su sala de estar. Todavía se estaba preparando para la cena cuando llegué, así que me senté con otros huéspedes meditando sobre un cojín. Después de unos cinco minutos de sentarme allí, entré en una experiencia totalmente nueva – hasta hoy no puedo encontrar las palabras para describir exactamente lo que sucedió. Sin embargo, intentaré dar lo mejor de mí: yo ya no podía mover mi cuerpo. Me sentía como si hubiese perdido la gravedad y estuviese cayendo, cayendo, cayendo. Mi tercer ojo chakra se activó totalmente. Para aquellos que no están familiarizados con los chakras, el tercer ojo es el que está en la parte superior, situado en el centro de la cabeza.

Parecía que había un cilindro de energía que provenía del cielo, que pasaba través de la parte superior de la cabeza e iba hacia el piso. Las lágrimas comenzaron a rodar por mi cara justo en el momento en el que Papaji entró en la habitación. Todo el mundo se puso de pie para saludarlo respetuosamente, excepto yo, ya que estaba firmemente pegada al piso. Ni siquiera podía abrir los ojos. ¡Podía sentir los ojos de Papaji dentro de mí! Me preguntó qué me pasaba, con voz preocupada. Yo no podía hablar. Me quedé allí sentada con una mini-cascada corriendo por mis mejillas, a pesar de que no me sentía como si estuviera llorando. Mi cuerpo y mi cara estaban todavía y yo no sentía ninguna emoción en particular. La experiencia no fue desagradable, pero al mismo tiempo era muy extraña, porque mi cuerpo no hacía lo que yo quería que hiciera. Podía oír a la gente a mi alrededor hablando, pero yo no podía responder. Podía oír Papaji haciendo muchas preguntas sobre mí, tratando de entender lo que me estaba pasando. Le pidió a su médico personal examinarme. Ella estaba de guardia todo el tiempo y era parte del círculo íntimo de Papaji, y no encontró nada físicamente mal en mí a través de su breve examen de la presión sanguínea y el ritmo cardíaco.

Había llegado de Pune con un amigo que se llamaba Sakshin. Éramos Amigos con beneficios. Papaji habló con él en la mesa durante la cena, mientras yo permanecía en el suelo como un Buda de piedra. La única señal de vida eran esas lágrimas. El cilindro de energía se había desvanecido a través de mí en mi caída, el estado de gravedad era menor, pero mi rostro estaba tranquilo e incluso pacífico, según los testigos presenciales. El médico nos acompañó a Sakshin y a mí a casa en un taxibici. En ese momento, había transcurrido una hora desde que comenzó todo. Podía moverme de nuevo, pero todavía no estaba hablando. Me di la vuelta en la cama y lloré tan profundamente, que todo mi cuerpo temblaba como loco. Era como si toda una vida de tristeza se iba de mi corazón y salía de mi cuerpo al mismo tiempo. Me dormí exhausta después de toda la experiencia.

A la mañana siguiente, cansada, abrí los ojos, esperando todavía sentirme extraña. Me sorprendió gratamente encontrar que no fue así. Me senté en la cama, crucé las piernas y cerré los ojos. Respiré profundamente, sentí una fresca, clara, alegre y profunda calma. Me sentía aliviada. En la reuniónpor la mañana – con mi primer grupo de meditación en Lucknow – Papaji me llamó al frente y me preguntó si estaba bien. Quería saber lo que había experimentado. Como no tenía ni idea, me pareció difícil de explicar, pero hice mi mejor esfuerzo para hacerlo, así como lo estoy tratando de hacer ahora. Él me dijo que creía que había sido una curación a un nivel energético muy profunda. Tenía algo que ver con la limpieza del karma negativo de vidas pasadas. Estaba impresionado y muy feliz de haber tenido una experiencia así en su presencia. Sea lo que hubiera sido, el resultado fue positivo. ¡Lo pasé fenomenal! Me invitó a unirse a él de nuevo para la cena de esa noche. Y así nuestra relación comenzó, con gran dramatismo, a través de este extraordinario encuentro.

Cuando meditamos, todo tipo de cosas pueden suceder. He tenido muchas experiencias increíbles. Lo mejor es no centrarse en el evento en sí, sino más bien en los beneficios generales obtenidos. Es fácil quedar atrapado en el deseo de querer tener experiencias profundas cada vez que uno medita, pero esto haría perder el enfoque. Mantén los pies firmemente en el suelo y sólo busca estar más fundamentado y pacífico en el ahora.

Estar con Papaji fue un momento mágico en que las palabras no pueden hacer justicia. Creció más la confianza en el camino en el que estaba bajo la increíble guía de Papaji. Todas sus enseñanzas indicaron con firmeza la dirección correcta y me advirtieron evitar todos los elementos de las filosofías de la Nueva Era que prometen el logro de la paz y la felicidad en algún momento, en un futuro lejano, después de haber hecho esto, eso o lo otro. Esta es la falacia que hace que muchos pierdan su camino. La libertad del sufrimiento, sólo se encuentra despertando en este momento. Aprendí que ser bueno no tiene nada que ver con ser perfecto. Sin embargo, podemos experimentar la perfección a través de la auto-aceptación. Algunas personas pueden malinterpretar "aceptación" y pensar que significa lo mismo que la adopción de una actitud derrotista. ¡Todo lo contrario! Aceptando rápidamente lo que no se puede cambiar, liberas la energía indicada para tomar acción y centrarte en las cosas en las que puedes influir. No podemos cambiar nuestro pasado, pero podemos elegir cómo vamos a permitir que se afecte el cómo nos sentimos hoy. No podemos cambiar a las personas, pero sí podemos decidir qué papel, si lo hay, jugarán en nuestra vida cotidiana.

No puedes aprender a ser perfecto, pero puedes aprender a vivir felizmente con tus imperfecciones, con las de otras personas, y con las del mundo. Lo gracioso es que cuando uno puede aceptar las imperfecciones, uno inconscientemente crea la perfección. Los sabios dicen: "Todo es perfecto tal como es en este momento y de la manera como se está desarrollando". Cuando nos fijamos en los horrores en el mundo, entonces esto parece un poco un comentario injusto ¿no?, ¿Cómo pueden los bebés ser víctimas de abusos sexuales o como pueden golpear extremidades de los niños que juegan para mostrarles como "todo tiene que desarrollarse perfectamente"? Esto es realmente una buena pregunta. Lo que hay que recordar es que cada uno tiene su propio viaje personal en esta tierra. Cada persona viene a esta vida con su propia historia para vivir. Al igual que los actores de una película, todo el mundo parece tener un papel especial qué desempeñar. Algunas personas creen que el destino les dio su papel. Otros argumentan que eligieron este papel en el nacimiento para aprender algo. En algún momento, el libre albedrío determina cómo los roles y los caracteres se desarrollarán. Yo no estoy, de ninguna forma, diciendo tener la respuesta a la gran pregunta "¿Por qué?" ¿Por qué esta persona sufre mucho más en esta vida que yo?

Las religiones tratan de responder a esta pregunta con las teorías de la reencarnación. Algunos culpan a la libre voluntad de las diferencias que vemos. Karma y otros conceptos se utilizan para tratar de explicar por qué algunos florecen, mientras que otros se marchitan y aparecen sin ni siquiera un pedazo de pan o agua para beber para mantenerse con vida. Personalmente, todavía tengo que escuchar una explicación que extinguió totalmente mi sed de conocimiento sobre este tema. Los intentos de explicar algo que simplemente no se puede explicar – todos parecen sinceros, pero dudosos. Creo que la verdad es que no se sabe muy bien. Es uno de esos misterios desconcertantes, como lo que nos sucede cuando morimos. No me gusta pensar que un atacante suicida realmente llega a disfrutar de relaciones sexuales con 100 vírgenes – ¿o era 1000? De cualquier manera, ves mi punto, no tenemos ni idea de qué va a pasar con nosotros cuando muramos. Sólo esperamos que sea algo maravilloso.

De la misma manera, no tenemos ni idea de por qué algunas personas nacen para experimentar la tragedia o una vida de pesadilla, mientras que otros parecen ser particularmente bendecidos con una gran fortuna y con amor. Todo lo que tenemos son las teorías y creencias, sin embargo, nadie puede probar, con certeza, ninguna de las diversas creencias. Vamos a conocer la muerte cuando la experimentamos plenamente. Para mí, estar muerto durante unos minutos en realidad no cuenta como una muerte total, pero creo que las historias de las personas que han muerto y vuelto a la vida son interesantes; no nos dan la historia completa de lo que puede ser la muerte, sin embargo, nos muestran una pequeña parte de lo que podríamos esperar.

Hay muchos conceptos diferentes al fin y al cabo. La verdad es que no tenemos ninguna maldita pista, por mucho que nos guste pensar que la tenemos. El misterio de la muerte estará resuelto cuando nos enfretemos a la muerte y entonces averiguaremos lo que es, y si realmente hay algo más en el otro lado. La pregunta del "¿Por qué él y yo no?" también se podrá responder a través de la muerte, o seguirá siendo un misterio, ¿quién sabe? El punto que quiero tocar al final de todo esto, es que tu viaje, es tuyo y sólo tuyo. ¿Quién sabe realmente por qué es así, y no de otra forma? El negativo o positivo desenvolvimiento de una vida, no parece seguir ningún curso lógico o patrón. Por lo que podemos ver, las buenas cosas pueden sucederle a la gente mala y las cosas malas a la gente buena.

He visto que en mi vida, y específicamente durante mi infancia, donde estaba más indefensa y vulnerable a las acciones de otras personas, algunas acciones fuertes han formado para bien y para mal mi personalidad. Sin embargo, como adulta he visto que mi libre voluntad juega un papel importante en la forma en que deseo continuar desarrollando mi personalidad y mi vida. Esto quiere decir que yo no soy una víctima de mi pasado porque soy libre para crear mi futuro en el ahora. Acepto mi pasado y niego llevarlo a todas partes conmigo dondequiera que voy como una maleta pesada que arrastra y que me frena hacia abajo. Acepto el poder para influir en mi futuro a través de mis pensamientos y acciones actuales y me quedo con la esperanza de una mejor vida futura. Parece un gran riesgo el llevar todo ese peso, con la vida tan breve que tenemos en este momento. Me he comprometido a traer el cielo a la tierra, tan humanamente como sea posible.

Las enseñanzas de Papaji eran exquisitamente simples para mí, sin embargo, sumamente eficaces y profundamente honestas.

1. El silencio
2. Deja de buscar
3. El único momento es el ahora
Tienes que decidir en este momento, de una vez por todas, el ser libre. Todo el que ha encontrado la paz en esta vida ha tomado esa decisión.

No creo en un proceso de convertirse. No hay peligro en el final, cuando un camino deja de serlo. La libertad está aquí y ahora. Cualquier buscador sincero de la verdad encontrará esta libertad en el ahora. Papaji nunca alentó nociones o conceptos de iluminación pues es un proceso que necesita tiempo para alcanzarse. El tiempo es la misma cosa que nos mantiene en la esclavitud y en el sufrimiento, es por eso que es importante mantener nuestra atención solamente en el momento.

Papaji: sencillo, claro, ilimitado y fantásticamente real.

Kai

La madre de todas las enseñanzas llegó cuando conocí a Kai. Kai es mi marido. Y cuando escribo esto, ya hemos estado juntos durante catorce años. Puede que él no sea un maestro espiritual como Osho o como Papaji, pero lo que he aprendido de él es también invaluable e importante en mi vida.

Hombre, ¿por dónde empezar? Durante mis siete años entre Chris y Kai había sido una mujer soltera, que jugaba regularmente con la idea de abandonar el sexo. Sí, es un largo tiempo para estar sola cuando se es todavía tan joven, ¿verdad? ¡Incluso me llegué a preguntar en más de una ocasión si era tal vez: lesbiana! Lo incómodo también era que la mayoría de las relaciones que tenía con los hombres eran realmente breves durante ese período de siete años; y bueno, sí conocí a algunos chicos súper dulces y encantadores, pero al final siempre hubo algo que salió mal o que saboteaba las relaciones. Citas sin éxito durante tantos años, llegó a ser agotador pero, ¿qué es lo que me mantenía cuerda? mi confianza inquebrantable que venía de la energía positiva que experimentaba a través de mis meditaciones. Había descubierto a una notable y adorable mujer enterrada debajo de las capas de la personalidad peculiar y ardiente.

El sexo en este tiempo era muy complicado para mí, así que sentía que no pasaría casi nada si lo perdía, e incluso pensé en convertirme en monja. ¿ Quizá otras personas que renuncian al sexo, tienen problemas similares con él, tales como la sensación de que éste quita más de lo que realmente da? Pero abandoné totalmente estas ideas de dejar el sexo después de salir con un chico inglés que vivía en Australia y que había estudiado el Tantra bajo la estricta guía del maestro tántrico occidental Barry Long. Ciertamente, no fue el primer hombre que conocí con el conocimiento en el arte del Tantra. Algunos incluso se llamaban a sí mismos: maestros tántricos. Pero Barry fue sin duda el primero que realmente sabía lo que estaba haciendo. La idea del hombre, maestro tántrico rugiendo fuerte como un león salvaje durante las relaciones sexuales, no fue divertido en lo absoluto, pero bueno, esa puede ser sólo mi opinión. Me imagino que hay algunas mujeres que pueden realmente amar el sonido de ¡hombre – león rugiendo en sus oídos!

El inglés me confundió verdaderamente y despertó mi cuerpo dormido a la vida, con horas, días, semanas y meses de extrema delicadeza. Estaba lleno de un hermosa determinación y paciencia. Cabe mencionar aquí su impresionante disciplina y el dominio completo de su eyaculación. Cualquier duda relacionada con mi orientación sexual, fue borrada en los meses en los que estuvimos juntos. Gracias al Señor que nos conocimos. Yo, obviamente, había estado preocupada de que mis sentimientos de limitación sexual se debieran a los abusos de mi padrastro. El inglés me explicó que de acuerdo con su maestro, muchas mujeres tienen los mismos problemas, incluso sin haber experimentado algún tipo de abuso sexual. Barry Long cree que cada mujer tiene la capacidad de alcanzar el orgasmo durante el sexo y que se pueden desaprender malos hábitos en los hombres y las mujeres desarrollan durante el acto sexual. El truco está en ser siempre sinceros el uno con el otro.

La verdad los acercará y los ayudará a satisfacerse sexualmente. Permitir que las mujeres sean honestas sin que los hombres hagan una rabieta parecería la reacción obvia, ¿no? ¡mal! Los hombres pueden sentirse molestos y desanimados y evitar el sexo cuando se enfrentan con la franqueza sexual de una mujer, y eso hace que la mujer quede aterrorizada a decir la verdad. Esa es probablemente la razón por la que tratan de evitar las relaciones sexuales con frecuencia. Truco mental, hombre. Dale a tu mujer la oportunidad de decir lo que está pasando con ella cuando hacen el amor, y tómalo como un verdadero hombre y diviértete. Disculpa el tonto juego de palabras – no pude evitarlo.

Regresando a la historia, como de costumbre, todo iba mejor de lo que podría haber previsto en el momento en que conocí a Kai. Era una mujer sexualmente más confiada. Desde el principio él y yo nos comprometimos a un diálogo honesto sobre este tema y ahora que llevamos catorce años juntos, estamos teniendo un mejor, increíble y alucinante sexo, del que tuvimos al comienzo de nuestra relación. Creo que este es el resultado de años de discusiones honestas sobre el tema.

Cuando Kai y yo nos encontramos, era evidente desde el primer momento en que empezamos a salir, que esta relación se estaba llevando a cabo en una frecuencia diferente a las demás relaciones mantenidas hasta ese punto. Él no estaba haciendo complicados juegos del gato y el ratón en mi cabeza. Él sabía lo que quería, y le encantaba el tema del auto-desarrollo, casi tanto como a mí. En el momento en que nos conocimos, mi vida era bastante increíble. Sabía quién era y lo que quería. Tenía una vida emocionante viajando por el mundo, compartiendo la paz y la libertad interior con cualquier persona que mostraba interés. Fui capaz de trabajar, combinando mis dos grandes pasiones: la meditación y los viajes.

Cuando el verdadero amor entra en tu vida, puede no parecerse en nada a lo que esperabas que fuese, es por eso que necesitas sabiduría para reconocerlo. Los primeros tres meses del romance con Kai fueron preciosos. Los dos mantuvimos nuestro mejor comportamiento y comenzamos a pasar más tiempo juntos, y ahí es cuando uno empieza a ver los aspectos positivos y negativos de las personalidades. Algunos momentos empezaron a sentirse como una operación a corazón abierto, sin los medicamentos y la anestecia que eliminan el dolor. Entonces pude ver por qué los maestros espirituales prefieren ir solos, porque el viaje en pareja es, sin duda, difícil. No hay manera de conseguir ese hecho, a menos que, por supuesto, sea a través de la abstinencia total, pero confía en mí, que también tendrás tu propio grupo de retos.

Siglos de malos hábitos entre hombres y mujeres, eones de las diferencias culturales y millones de años de frustración sexual están trabajando en contra de nosotros desde el principio. Sin embargo, también es una verdadera prueba de amor incondicional, y este es un punto muy importante en el desarrollo personal. Las relaciones son el lugar donde puedes conseguir realmente practicar lo que se predica. Ámate a ti mismo y a tu prójimo, incluso cuando éste se equivoque o haga cosas que no puedas – por tu propia vida – entender.

Las recompensas de romperse a través del ego y el descubrir un amor puro, hacen que el reto valga la pena. Compartirse uno mismo más allá de la máscara que oculta el ego, es lo más maravilloso que uno puede compartir con otro ser humano.

Estarás totalmente vulnerable, pero al final, esa vulnerabilidad se convertirá en tu fuerza. Es increíble cómo la mayoría de las personas pueden experimentar esto a través del amor a sus hijos, pero es una pena que no se den cuenta de que esta experiencia también está ahí para mostrarnos la profundidad y la ausencia de límites de nuestra capacidad para amar, tanto a nosotros mismos como a los demás, (sean o no nuestros hijos).

Kai y yo éramos como dos barcos que se cruzan en la noche, y que casi se pierden de vista por completo. Sabine, la señora responsable de organizar mi tercera reunión: Transforma tu vida, había organizado una serie de cuatro días de meditaciones para mí en Hamburgo y fue ella quien dijo a Kai que realmente necesitaba hacer el esfuerzo de venir a una de las reuniones y conocerme.

Creo que ella estaba tratando de ser una casamentera con nosotros. Era el cuarto día y Kai aún no se había presentado a las reuniones, y yo tenía que salir a Amsterdam al día siguiente, pues tenía más sesiones. Al final se decidió que iríamos a un restaurante hindú para celebrar la última noche en Hamburgo un domingo en el otoño. Eran como las diez de la noche cuando Sabine llamó a Kai y trató de convencerlo de que realmente debería levantarse del sofá y venir al restaurante. Él no quería saber nada al respecto. A pesar de que toda la discusión se llevó a cabo en alemán, del cual yo no hablaba una sola palabra, al final, entendí todo. Tengo esta extraña habilidad de entender las lenguas que no hablo, cuando realmente quiero. Por alguna razón, me encontré tomando el teléfono y le dije no más de cuatro palabras, pero no: "Hola, Kai, soy Mahima, bla, bla, bla", no... yo sólo le dije: "Vienes, ¿no?"

Hubo un largo e intenso silencio y luego una voz muy fresca que respondió: "¡claro!" yo devolví el teléfono a Sabine, sonriendo con malicia, y el resto, como dicen, es historia. Kai llegó al restaurante, donde no pasó mucho. Para mí, al menos, no hubo chispas o fuegos artificiales esa noche, no escuché una banda de música en mi cabeza cuando él entró en el restaurante Taj Mahal, con cara de sueño y cansado.

Pero el avance rápido pasaría unos meses más tarde. Me hizo sentir una agitación en algún lugar, ¡mmhmm! Cuando lo vi desfilar por el andén en la estación de tren, John Travolta con sus caderas, con pantalones blancos, ¡wow!, él me estaba recogiendo para las sesiones de meditación que había organizado para mí esta vez. Parece que había quedado impresionado conmigo esa noche y había sentido que se había perdido de mis últimas sesiones en Hamburgo, así que me invitó a volver. Tenía una cálida sonrisa grande, que hacía juego con el hermoso ramo de flores que llevaba. Llevaba un jersey de cachemir delicioso color salmón y botas de gamuza marrón. Lo vi con una luz totalmente diferente. Ahora parecía fresco, delicioso, lindo e ¡irresistiblemente tierno!.

Pasamos muchas horas los primeros días sentados juntos en silencio, disfrutando el que pudiéramos compartir algo tan simple pero tan precioso. En verdad fue hermoso. Llevamos varios meses la relación, sin ser sexual. Disfrutamos de muchos abrazos y besos largos, por supuesto. Con tales reuniones, tan profundas, alegres y en silencio y conversaciones increíbles, no teníamos prisa. Así que nos tomamos nuestro tiempo.

Muchas parejas hoy en día cometen el error de zambullirse en el sexo demasiado pronto. El sexo puede ser importante, pero uno va a necesitar mucho más que eso para construir una vida juntos. Tómense su tiempo para llegar a conocer si se gustan el uno al otro, porque una vez que te abres sexualmente, ésto sólo afecta tu buen juicio y la capacidad de ver con claridad si son realmente compatibles o no. Es difícil de creer, pero ¡el sexo increíble, puede cegar a muchos a pensar que es amor!.

¿Qué es aún más importante que el buen sexo, te puedes preguntar? ¿Se puede realmente ser feliz en la vida cotidiana con esta persona? ¿Comparten los mismos principios básicos, las esperanzas, los sueños y la dirección? Esto es, lo que en última instancia hará que la relación sea más hermosa con el paso del tiempo y por lo tanto, el sexo también.

Nuestro viaje juntos de ninguna manera ha sido fácil debido a las diferencias culturales y el simple hecho de que él es hombre y yo soy mujer. Sin embargo, éste es increíblemente satisfactorio, nutriente, inspirador y una excelente fuente de aprendizaje y crecimiento. Creo que lo que hace que funcione tan bien, es que nuestra relación con nosotros mismos, no se ha perdido en la relación con el otro. Cada uno debe conservar su integridad y ser responsable de su propia felicidad. Ambos nos sentimos bendecidos cada día con lo que ya tenemos. Todo lo demás que viene a nuestras vidas es como la cereza en la parte superior de un helado fantástico. Se ve bien, pero no lo extrañamos o lo necesitamos cuando no está allí.

Si me preguntas cuáles son los tres secretos para garantizar el amor eterno con tu pareja, mi respuesta sería: "1. Honestidad, 2. Honestidad, 3. Honestidad". La honestidad te permite ser tú mismo, sin juegos, sin engaños, sin ocultar o pretender ser algo que no eres. Aquí no estás tratando de adivinar lo que el otro está pensando o sintiendo, porque te involucras en una conversación abierta y la comunicación es clara directa. La honestidad es lo que mantiene la confianza y es lo más intenso que puedes obtener de una pareja, pero también es lo que te hará libre y te hará reducir el miedo. El miedo a enfrentar la verdad, va a arruinar tu relación. El miedo a mostrar quién eres realmente, puede hacer lo mismo.

Tomemos el ejemplo de la promiscuidad en las relaciones, ya que este es un factor importante para la mayoría de las parejas y puede surgir en algún momento. Si hablan a menudo, el uno con el otro de manera abierta sobre su vida sexual y sobre sus sentimientos en torno al tema, hay muchas posibilidades de que las aventuras no sucedan, especialmente si dices: "Cariño, sinceramente, necesito más sexo y si no lo tenemos, voy a tener que encontrarlo en otro lugar". La mayoría de la gente no puede apreciar este tipo de comunicación directa, pero se puede ver, cómo ésta podría evitar el problema de los maridos infieles a sus esposas o viceversa.

Si no nos comunicamos con honestidad, estamos ocultando nuestros verdaderos sentimientos, y los sentimientos vendrán a través de nuestras acciones de todos modos, así que ¿por qué no expresarlos y ver qué pasa? No lo hacemos porque tenemos miedo. Tenemos miedo de adonde la honestidad nos puede llevar y qué puertas podemos abrir con nuestra honestidad y cómo nuestro compañero va a reaccionar a la verdad. En este caso, nuestra pareja podría decir algo como: "Oye, querida, realmente te amo, pero la cantidad de sexo que tenemos es suficiente para mí. Tal vez debes encontrar un amante, si necesitas más... ¡tienes mi bendición! Pero no me des detalles a menos que te los pida yo y ¡asegúrense de utilizar siempre un preservativo!" Conozco a muchos chicos a quienes les encantaría una esposa con esta confianza.

Cuando estás seguro de lo que compartes, puedes aceptar a la otra persona por lo que realmente es y no por lo que quisieras que fuera. Otra respuesta podría ser la siguiente: "Cariño, yo no tenía ni idea de que estuvieses tan frustrada. Estoy feliz de hacer un esfuerzo para asegurarnos de que tengamos más tiempo el uno para el otro y aprecio tu honestidad". No hay una respuesta equivocada cuando dices la verdad, no lo que crees que la otra persona quiere oír. La honestidad es una energía difícil, ya que nunca sabemos qué reacción podemos obtener. Puedes estar seguro, sin embargo, que probablemente obtendrás una respuesta sincera a una declaración honesta. Esto te ahorrará mucha frustración y tiempo a largo plazo.

Creo que este concepto de verdad puede ser usada para mejorar todas las relaciones, incluso las relaciones de trabajo. El secreto es asegurarse de que quien habla es la verdad de tu corazón y no tu ego. Queda claro que no estoy hablando acerca del uso de la honestidad como una forma de ser grosero e insensible con los sentimientos de otras personas. Si hablas desde el corazón, notarás la diferencia y podrás utilizar correctamente la honestidad y la sensibilidad. Si ahora puedes amarte a ti mismo totalmente como eres, entonces puedes amar a otro de la misma manera. Y también te sentirás cómodo con ellos, pues realmente te ven como eres y no como ellos quisieran que fueras.

Cuando te amas a ti mismo, sabes que no eres perfecto. Así que ¿por qué exigir la perfección de la otra persona? La verdad te ayudará a superar los tiempos difíciles. Es la verdad la que te mantendrá riendo y amando a otros. Te hará libre y te permitirá vivir en la realidad. Aunque la verdad no siempre es fácil de tomar o dar, su efecto sobre nuestra felicidad a largo plazo, es poderoso.

No puedo afirmar saber lo que el futuro tiene deparado para la saga: Kai y Mahima, pero lo que puedo decir sin lugar a dudas es que algunas de las lecciones de vida que he sido capaz de aprender a través de esta relación, no tienen precio. Por eso siempre estaré agradecida. Creo que la mayor lección en cualquier relación, es un amor incondicional a través del perdón. Uno tiene que perdonarse a sí mismo por no ser capaz de reaccionar de la manera que uno quisiera. Uno tiene que perdonarse a sí mismo por no ser perfecto. También tendrás que aprender a perdonar a la otra persona por cualquier error cometido debido al mismo problema, aunque éste pueda parecer imperdonable. Sin embargo, la verdad es que todo puede ser perdonado, (tal vez no olvidado), pero el corazón tiene esta gran capacidad de perdonar.

A medida que crecemos personalmente, nuestras relaciones también deben crecer y ser mejores y más suaves. Si este no es el caso, entonces algo puede estar mal. Sólo las personas que estén interesadas en seguir aprendiendo y crecer y ser mejores seres humanos debieran estar en tu círculo íntimo. Con gente así en tu vida, descubrirás la verdadera alegría en la relación.

Kai especialmente me ha enseñado cómo lidiar con el amor humano, a través de la honestidad, la integridad y la paciencia. Es todo un desafío diario, el poner en práctica lo que predico: Dominar el amor incondicional al permanecer abierta, amable y cariñosa.

Kai especialmente me ha enseñado cómo lidiar con el amor humano, a través de la honestidad, la integridad y la paciencia. Yo tengo un desafío maravilloso a diario : el poner en práctica lo que predico. Preponderar el amor incondicional permaneciendo abierta, amable y cariñosa.

SEXUALIDAD Y ENTENDIMIENTO ESPIRITUAL

Después de mi primera experiencia de profunda paz interior, me dí cuenta de que lo más importante y lo que tendría que seguir como mi enfoque diario es ser amorosa y estar tranquila en el aquí y en el ahora. Todo lo demás iba a funcionar por sí solo, sin mi preocupación o estrés. Es como encontrar la clave del sentido de tu vida y saber que no te puedes bloquear nunca más, porque tienes esa clave. Una relajación profunda entra en ti, pero al mismo tiempo estás plenamente comprometido y vives más intensamente y apasionadamente que antes.

La forma en la que pensamos y lidiamos con el sexo, afectará cómo nos sentimos con nosotros mismos. Vale la pena echar un vistazo más profundo a tu actitud sexual y hacer las paces con ella. Por eso creo que es importante recordar esto: la actitud de "estoy renunciando al sexo, renunciando a los hombres, renunciando a las mujeres, renunciando a esto y a lo otro, con el fin de encontrar a Dios, para estar más cerca de Dios" puede simplemente ser otro lugar muy inteligente de tu ego para esconderse y crecer y mantenerte en tu prisión de limitación. Es posible argumentar que muchos maestros espirituales han dejado de lado al sexo, por lo que debe ser la forma ideal y todos lo que aspiran a tal nivel, tienen que hacer lo mismo. Yo diría además que esto es una idea muy anticuada, ¿por qué deberíamos renunciar a algo tan natural como el sexo? ¿Cuál sería una buena razón? Por mi parte, no puedo pensar en ninguna. Sería como dejar de usar los brazos o las piernas, con la idea de que al hacerlo estarás más cerca de Dios. Eso sería claramente una locura, ¿no? Sin embargo, cuando se trata de la cuestión del sexo, perdemos la noción del pensamiento racional. El cuerpo da al sexo su propio tiempo a medida que envejecemos, así que deja que la naturaleza siga su curso.

En el pasado, los maestros ganaban más respeto cuando eran vistos hacer cosas que estaban más allá de las capacidades del hombre o de la mujer. La creación de los milagros de una manera u otra, la abstinencia sexual, ciegos que ven de nuevo o la conversión de el agua en vino. Las personas querían que sus maestros fuesen semidioses. Incluso hoy en día hay muchos profesores que se creen que tienen poderes sobrenaturales. Creo que es genial sólo para mostrarnos el poder ilimitado del ser humano, sin embargo, no deberíamos perder el contacto con el hecho de que es más importante el desarrollo, que la capacidad de realizar milagros; es el desarrollo de la capacidad de ser seres humanos pacíficos, compasivos y amantes de la paz. Así es como vamos a dejar de construir bombas cada vez más inteligentes y armas para matarnos los unos a los otros, vamos a dejar de entrenar a los grandes ejércitos para luchar entre sí y vamos a acabar con el acoso en las escuelas, en el trabajo y en el internet.

Esto es lo que más necesita el mundo: más gente común y corriente convirtiéndose en gente extraordinaria al vivir con niveles más altos de compasión e integridad. Los líderes más importantes de nuestro tiempo han sido muy humanos. Personas como "The King" (Martin Luther King) y Nelson Mandela nunca declararon tener poderes sobrenaturales y sin embargo todavía influyen en gran medida a nuestro mundo para mejorar. A través de su gran pasión y profunda valentía se han convertido en magníficos ejemplos de una mente iluminada moderna.

Tenemos que evolucionar nuestra actual relación con el sexo y la espiritualidad en una más equilibrada y no hacerla conflictiva. En esta nueva era, es mi sincera esperanza que todos los maestros espirituales cambien sus actitudes y prácticas personales y abandonen el celibato y la soltería. Este estilo de vida lleva a muchas preguntas sin respuesta acerca de su honestidad en torno al tema, que a su vez conduce a la confusión entre sus alumnos a medida que luchan para hacer frente a su propia sexualidad de una manera positiva. Es hora de incluir consejos prácticos y predicar con el ejemplo, mediante la integración de sus filosofías para incluir lidiar con la naturaleza humana actual. Es mi creencia que los profesores necesitan mostrarnos que, incluso con los maridos, con los niños y las presiones del trabajo, todos podemos todavía aceptar el reto de vivir vidas pacíficas, felices e iluminadas. Si no pueden hacer eso, ¿son realmente buenos modelos a seguir para los hombres y las mujeres de hoy en día? O simplemente están perpetuando las relaciones no saludables que tenemos con el sexo y el uno con el otro? No se puede negar que el sexo no siempre se practica de una forma positiva, pero la creencia de que el sexo es algo por lo que deberíamos sentir vergüenza o tuviéramos que abandonar por completo (si queremos alcanzar altos niveles de iluminación espiritual) no puede ser la manera correcta tampoco.

¿Realmente queremos vivir en un mundo donde cada uno esté solo, porque no sabemos cómo vivir pacíficamente juntos y felices? Te puedes preguntar: "Bueno, soñador, ¿crees que todos deberíamos casarnos y tratar de vivir felices para siempre?" Creo que todos beben hacer lo que consideran adecuado para ellos; sin embargo, también me parece muy importante que si vamos a guiar a otros, entonces debemos guiarlos también a través del ejemplo. Cualquiera que predique el conocimiento de la auto-conciencia debiera mostrarnos cómo integrar plenamente este conocimiento en la vida cotidiana del siglo XXI.

Una cuestión de disciplina

Tenemos que empezar a educarnos a nosotros mismos de manera positiva a través de discusiones abiertas sobre los impulsos humanos básicos y las necesidades que aún son parte de la cultura y de la sociedad actual. Esto incluye reflexionar sobre lo que comemos y la forma en la que tenemos sexo, lo que pensamos acerca de todas las formas de las drogas y la forma en la que tratamos con el alcohol. Intuitivamente todos sabemos lo que es correcto para nosotros como individuos y si consiguiéramos ir más allá de nuestra negación, encontraríamos una manera más sana, más equilibrada para interactuar con estas cosas. En la cultura espiritual, buscamos la perfección en la forma en que tratamos con el sexo, la comida, las drogas y el alcohol, como una prueba de logro espiritual avanzada. La verdad del asunto, como se ve claramente en el mundo que nos rodea, es la siguiente: incluso si alguien no bebe alcohol, no toma medicamentos, tiene relaciones sexuales sólo con su pareja y come sólo alimentos vegetarianos, eso no significa automáticamente que sea una persona más feliz, pacífica, cariñosa y compasiva. Sin embargo, probablemente va a tener un cuerpo muy sano gracias a la dieta limpia y la ausencia de drogas y alcohol.

Desde mis años de trabajo con la gente y la meditación, te puedo decir lo que he observado: ser muy disciplinado con estas cosas hace poca diferencia a largo plazo en el nivel de reflexión de las personas, de la inteligencia emocional, la compasión o la capacidad de ser feliz y estar en paz en el ahora. En todo caso, estas opciones de estilo de vida pueden alimentar el ego y crear un sentimiento de superioridad y arrogancia, causando que algunas personas sean fuertemente críticas hacia los demás porque beben alcohol o comen carne. Algunas personas usan la disciplina sólo para alimentar su ego, mientras que la verdad es que se siguen causando sufrimiento a sí mismos y a los que les rodean.

La evolución humana de la que hablo, no trata de ponerte a ti mismo en una caja y pensar que eres mejor que todos los demás porque vives de una manera determinada. Ya tenemos esa clase de pensamiento en abundancia, y claramente este no funciona para crear una mayor armonía entre las diferentes culturas, sociedades y grupos étnicos.

Necesitamos ser libres pensadores, personas auténticas que miren más allá de lo que una persona come, bebe, fuma, como una forma para juzgar el carácter de los demás. Seguramente, cómo ellos se conducen diariamente –lo que dicen y hacen y cómo tratan a otras personas– debe tener más valor que los demás. No hay duda de que disciplinar nuestros vicios es una virtud que vale la pena poner en acción y en la práctica diaria, sin embargo, cuando se embarca en un camino de auto-descubrimiento, uno no debe perder el enfoque de lo que realmente importa: difundir la paz, la positividad y la alegría a los seres queridos y desconocidos por igual. Tendrás que cuestionarte seriamente a tí mismo para desarrollar una relación sana con tu cuerpo y con lo que pones en él– no hace falta decirlo. La autenticidad de cómo uno decide interactuar con el sexo, la comida, las drogas y el alcohol es importante. Todo es cuestión de encontrar una manera sana y respetar mutuamente las decisiones individuales.

Habiendo dicho esto, ahora voy a hacer hincapié en lo importante que es educarse a sí mismo e informarse sobre cómo la producción de carne en masa está afectando negativamente a nuestro planeta. Reducir la carne en la dieta sería recomendable. Por favor, no dejes que el factor de la disciplina te detenga de hacer el esfuerzo para conectarte contigo mismo de una manera más profunda y más positiva; el resto caerá en su lugar, como sea verdad para ti y a medida que te pongas más en contacto contigo mismo y aprendas realmente a escuchar, obedecer y respetar tu cuerpo.

Una vida ordinaria

Mientras yo vivía en Pune esos primeros seis meses de mi viaje de meditación, llegué a una conclusión clara con respecto a cómo quería vivir mi nueva vida. Decidí que quería ser independiente y no tener que trabajar para nadie que no fuese yo misma. No tenía ni idea de como iba a hacer eso, pero sabía que era lo que quería manifestar en mi vida.

Mi corazón siempre me ha guiado con claridad, y no he comprometido mis sueños o mis principios en la búsqueda de dinero. Ser feliz, significa todo en el mundo para mí, y la vida es demasiado corta para vivir en la miseria. Lo quiero todo, sin compromisos. Un trabajo que amo, viviendo en lugares que adoro, con la gente que me gusta y con suficiente dinero para viajar, comprar, compartir y pasar un buen rato. Obtienes lo que pides y lo que crees que te mereces, así que ten cuidado y sé claro con lo que deseas. De alguna manera esta actitud de creer que merezco lo mejor, ha demostrado una y otra vez, ser un imán para las buenas experiencias. El dinero siempre se ha manifestado exactamente en los momentos justos y cuando lo he necesitado para alimentar mi pasión y creatividad.

En los años noventa, la meditación era todavía un concepto abstracto en la cultura occidental. Muchas personas simplemente no entendían por qué el solo hecho de sentarse en silencio y aprender a dominar la mente y emociones podría tener algún valor duradero. Incluso ahora, difícilmente puede ser descrita como una actividad primordial. La mayoría de la gente todavía tiene una asociación más bien negativa con la meditación, hasta que lo intenta, por supuesto, y luego les encanta. La idea generalizada de que es muy difícil meditar, es un triste error de percepción. El yoga ayuda a crear una mente más tolerante y abierta hacia la meditación. Espero contribuir a cambiar las actitudes de la gente sobre ella, ya que realmente es una de las maneras más eficaces para aliviar el estrés, centrarse en la positividad y ser más tolerante y flexible con el ahora. El Yoga se está apoderando de los gimnasios occidentales pues la gente siente la necesidad cada vez más inmediata de tomar el control y el equilibrio mental de sí mismos.

Con altos niveles de estrés y síndrome de "burnout" en aumento, tenemos que encontrar soluciones. Estamos más abiertos a las ideas orientales y medicinas preventivas y nos dan cada vez más miedo las opciones occidentales. Valium y otras medicaciones adictivas se prescriben de izquierda a derecha y todos los días. Y no tienes que ser un hippy, un revolucionario u oveja negra, para empezar a cuestionar si hay otras alternativas a la forma en la que vivimos.

La paz y la libertad interior son más fáciles de conseguir de lo que muchos suponen. Mis pensamientos durante décadas se han concretado en pasos simples. Tres de ellos, para ser precisos. Permíteme presentarte algunas maravillosas formas alternativas de pensar y de sentir. Creo que mediante la implementación de estos tres sencillos pasos en tu rutina de la vida diaria, darás un salto cuántico hacia una vida más sencilla, más feliz y pacífica y más apasionada.

EL PRIMER PASO: "¿QUIEN SOY?"

Esta pregunta es el punto perfecto para empezar. Es la primera cosa que necesitas considerar cuando buscas liberarte de tu propio sufrimiento personal y conectarte más a la paz, amor y felicidad en tu vida diaria. Cuando sabemos lo que somos, el mundo se vuelve un lugar más cálido y mucho más amigable. Sin embargo, antes de abordar esta importante cuestión, es importante entender por qué uno debe centrarse en encontrar no solamente la paz mental justa, sino también el amor y la verdadera felicidad. Al participar en las tres disciplinas, mantendrás los pies firmes en la tierra y tu atención en lo que realmente importa.

Paz, amor y felicidad interactúan y se interconectan entre sí, y uno puede llevar a lo otro. Sin embargo, hay tres elementos esenciales a tomar en cuenta por separado. La paz mental es relativamente fácil de dominar rápidamente con el maestro y guía correctos. El amor y la felicidad son disciplinas totalmente diferentes, que implican la interacción con otras personas, culturas y sociedades del mundo en general.

Comienza con la búsqueda de la paz en la actividad mental y en la montaña rusa de las emociones. Esto se hace mediante la comprensión de tu naturaleza más profunda más allá de tu nombre y de tu cuerpo físico, por lo tanto, la pregunta "¿Quién soy yo?" Cuando hayas llegado a entender más acerca del *yo* en la pregunta "¿Quién soy yo?", sabrás que tú no eres sólo eso. Esta toma de conciencia de que eres más que el *yo* te permite tener una visión y una posición más favorable acerca de tus pensamientos y sentimientos. Esta experiencia de tener más paz, te llevará a darte cuenta de que el amor necesita también que se añada a la mezcla, si no quieres convertirte en un recluso o marginado que vive una vida tranquila pero solitaria. Rechazando al mundo y a toda la gente, puede llegar a tener el efecto negativo secundario de sólo enfocarte en tu propia tranquilidad. La conciencia de la importancia del amor incondicional te permitirá tener más compasión y empatía por los demás, sin perder tu propia conexión con la paz interior.

Sólo porque alguien no es feliz o sufre, no significa que tengas que también sentir lo mismo como forma de empatizar con ellos. Aún puedes ser compasivo y tener una gran empatía por los demás, mientras te mantienes conectado a su propia tranquilidad y alegría. El amor te ayudará a abrirte y hacer más fácil el compartir, relacionarte e interactuar con los demás. Sin embargo, no debemos estar apegados a este "compartir" y no hay que poner un muro de prisión alrededor de las personas que amamos. No es el trabajo nuestros hijos, amigos o cónyuges hacernos felices; esa es nuestra responsabilidad. Pueden intentar con todas sus fuerzas, pero fracasarán miserablemente si no estamos dispuestos a ser felices, a dejar de ser infelices.

La paz es lo que experimentarás cuando dejes de pensar. El amor está ahí para ayudarnos a tomar parte en la experiencia humana. La felicidad es lo que elijes para tu ser todos los días cuando te das cuenta, por la compasión amorosa y pacífica, que el mundo necesita tu energía positiva a través de tus pensamientos, sentimientos y acciones. En la búsqueda de una gran sabiduría, te darás cuenta de que no hay fin a lo que es posible. No mires con el fin de aprender o crecer. Esta actitud humilde te mantendrá abierto y afable.

Ahora volvamos a la pregunta más importante: "¿Quién soy yo?" Esta pregunta ha sido contestada con tanta frecuencia por los hombres y mujeres sabios con una cálida sonrisa, un largo silencio ensordecedor, entonces la respuesta caprichosa y aún así hermosa de "¡yo soy eso!" y "¡yo soy esto y esto y esto y esto y esto!" se multiplica por el infinito. Vamos a ir más profundamente en ella, o si sientes que ya lo hiciste, no dudes en pasar a la siguiente etapa.

¡Es broma! Te va a encantar lo que vas a leer a continuación – es una suave expansión mental.

He trabajado con muchas personas privilegiadas que tienen todas las comodidades que necesitan y sin embargo están inquietas, infelices, súper estresadas y fuera de equilibrio con sí mismas y con el mundo que les rodea. ¿Puedes identificarte con esto? Mi privilegio no se trata de ser un multimillonario, millonario o una persona súper-rica. Evalúo el privilegio por mis raíces africanas y de fondo. Privilegiado, para mis estándares, es el siguiente: alguien que vive con el agua que se puede beber directamente del grifo sin enfermarse; que tiene una verdadera cama para dormir y una casa con electricidad, una nevera con alimentos en su interior y asistencia médica en la esquina o en el pueblo vecino, para cuando sea necesario – esto es ser privilegiado. Ser privilegiado también significa vivir en un lugar sin bombas estallando a la distancia y donde no hay soldados y/o rebeldes corriendo por la ciudad matando a todo lo que se mueve. Ser privilegiado es vivir bajo un gobierno que no tiene un dictador loco aterrorizando a las masas y que tiene una moneda que es relativamente estable. Es tener un trabajo decente que te permita ganar dinero para cubrir tus gastos mensuales, eso es un privilegio. Te sorprendería saber cuántas personas privilegiadas hay en el mundo. Lamentablemente, no hay tantas como debería haber.

¿Eres privilegiado? Tú decides. Se necesita honestidad para reconocer las bendiciones otorgadas a uno mismo. ¿Crees que tu vida es complicada y muy difícil? ¿Es tu vida realmente difícil para hacerle frente, o es sólo la manera de ver la realidad, junto con tu actitud que puede hacer que la vida parezca aún más difícil de lo que realmente es o tiene que ser? No pienses demasiado. La verdad es que: ¡sí! tu actitud y tu perspectiva, tienen un impacto enorme en cuan miserable, o no, experimentes tu vida. Cuando estás conectado a la realidad más profunda, más allá del punto de vista del ego, verás tu vida en relación a lo que esté pasando en el mundo que te rodea. Los dos no se encuentran separados. Esto significa que incluso cuando no puedas ver algo sucediendo delante de tus ojos, no significa que sea irrelevante o signifique menos en una parte de tu realidad cotidiana.

Es como tener acceso a una vista de pájaro. Pero imagínate que el pájaro está volando en el espacio mirando hacia abajo en la tierra, capaz de ver todo lo que está pasando aquí en el mundo de un vistazo. Imagina que eres ese pájaro. ¿No es tan difícil tu realidad cotidiana cuando miras desde esa perspectiva, ahora que puedes apreciar y ver las realidades de otras personas? ¿Puedes ver cómo tu percepción podría cambiar tu actitud cuando ves las cosas desde este ángulo? La forma en que nos vemos a nosotros mismos, afectará en gran medida el cómo nos sentimos en este mundo.

Tal vez un par de semanas en una aldea africana o en un barrio asiático sin baños verdaderos, sin agua potable en toda la zona, sin comida en la nevera y sin electricidad, te darían una idea de lo bien que tu vida y realidad son en realidad. Caminando en esos zapatos, ni por un minuto, te haría sentir más contento y agradecido por las cosas que damos por sentado. Quejarte constantemente acerca de tu vida puede empezar a parecer un deporte de lujo de una persona arrogante.

La misma vida que antes parecía dura y difícil antes de tomar la vista de pájaro, puede parecer una vida bendecida. Tu vida es la misma, pero tu perspectiva ha cambiado. Eso es realmente el tema de este libro – el cambio de tu perspectiva para conectarte a una versión de ti mismo más tranquila y feliz en el aquí y ahora, no importa de dónde vienes y lo que tu realidad es ahora mismo en este momento. ¿Qué pasa con las personas pobres en los barrios pobres? ¿Cómo deben hacer frente a la falta de equilibrio y justicia en este mundo? ¿Qué punto de vista deberían tomar para sentirse más feliz y más pacíficos, en el ahora? Una muy buena pregunta. Desde mi experiencia personal, he visto que la autoconciencia esta disponible y accesible a todo el mundo que está cansado de sufrir y listo para volver a conectar con la paz interior.

Algunas personas piensan que la búsqueda del conocimiento de sí mismo, la felicidad y la paz interior, es un lujo de la gente de la clase media en las sociedades de clase alta. ¡Qué absurdo es eso! Ellos llegan a pensar que es un error decirle a alguien que tienen muy poca riqueza material y que la alegría y la paz se encuentran en su propio corazón. Lo curioso es que a menudo las personas con poca riqueza material se dirán a sí mismos que la verdadera alegría y la paz, se encuentra dentro de nuestros propios corazones. La paz y la alegría interior de las que hablo, de verdad no tienen ninguna conexión con lo que está pasando en la vida económica y material de nadie en este o en cualquier momento en el tiempo. Es una experiencia que va más allá de los que van y vienen, del dinero, de la salud, de las relaciones o de todas las cosas a las que damos importancia, a los factores que contribuyen a la felicidad y creamos dentro de nosotros.

Todo ser humano nace ya conectado a esta energía, o Dios, si prefieres esta palabra. En algún momento durante la transición de niño a adulto, el ego se interpone en el camino e interfiere con nuestra capacidad de permanecer conectado a este reino interno de la positividad, el amor y la felicidad. Toda persona tiene el derecho de volver a conectarse y encontrar el camino de regreso a la mayor inteligencia, independientemente de dónde se esté en el mundo y cómo sea el estado de su propia vida, salud o riqueza.

No importa quién eres, cómo vives o lo que ahora esté pasando a tu alrededor, sé que si buscas la paz interior en el sufrimiento personal, la encontrarás. Puedes descubrir un santuario de paz interior. Este lugar interior es parte de este mundo. A pesar de que no es visible para el ojo, puede ser experimentado y visto directamente a través del corazón. Es un lugar donde una energía increíble, una majestuosa belleza y una quietud impresionante pueden ser experimentadas, tan similar como el sol besando tu cara o el viento soplando a través de tu cabello. El despertar a este estado interior de bienestar ha sido llamado "iluminación" por algunos. Otros creen que es la experiencia de tener una directa conversación y conexión con Dios. Algunos creen que se está teniendo contacto con la naturaleza de un Buda. A mí me gusta llamar a este despertar: "ser uno mismo".

Cuando lo experimentas – aunque sólo sea por un momento – te encontrarás con la verdadera locura de pensar que tal experiencia no tiene nada que ver con las circunstancias de la vida exterior. Incluso una persona en la pobreza y con condiciones de vida terribles, puede mirar dentro y tener acceso a este tipo de libertad, si eso es lo que busca. Despertar a la paz profunda y al amor profundo es posible para todos nosotros y no es exclusivo de una clase social. Esto no depende de estar lleno o hambriento, sucio o limpio, rico o pobre. De hecho, en el pasado, algunas personas renunciaban a todas sus posesiones en la búsqueda y usaban el hambre para conectarse a este estado de profunda paz y felicidad interior. Ellos creían que los trabajos, las relaciones, el dinero, etc., eran distracciones que no necesitaban, mientras buscaban este estado interior de abundancia. Esto aconteció y sigue sucediendo en la India, donde este tipo de hombres y mujeres santos caminan por las calles casi desnudos. Las personas los apoyan, dándoles comida y agua, en la creencia de que este estilo de vida es más adecuado para la búsqueda y adquisición de profunda paz y felicidad duradera.

Algunos dicen que es más fácil encontrar la libertad del ego y de la mente cuando no existen la carga de las posesiones mundanas ni las comodidades. No estoy diciendo que estoy de acuerdo o en desacuerdo, pero yo estoy usando esto, con suerte, como un argumento convincente. Así, la gente de la clase alta y de la clase media pueden dejar de decir esto: "Es fácil hablar de la paz, el amor, la integridad, la felicidad cuando nuestros estómagos están llenos y tenemos todos los elementos básicos que necesitamos para ser felices y afortunados". Esto puede ser cierto en la búsqueda de niveles superficiales de felicidad, pero la verdadera paz interior es más acerca del individuo que sobre su cuenta bancaria o posesiones.

A la paz interior no le importa cuán rico o pobre o culto o inculto seas. Ahora, mientras más alto es el nivel de inteligencia, tú encontrarás con frecuencia, que mayor será el nivel de preocupación de que no es correcto hablar con la gente pobre sobre la paz interior y la felicidad.

¿Estamos diciendo a los más pobres que nosotros hemos ganado el derecho a no estar demasiado preocupados por sus acciones porque la vida les ha repartido una montón de mierda por razones que nadie sabe realmente? ¿Estamos diciéndoles que deberían sentirse libres y justificados para luchar, robar, violar, ser corruptos, ser miserables y disfrutar de todas lo que las acciones negativas que les dé la gana? que debido a su situación ¿ellos no deberían buscar ni la felicidad ni la paz, ni tratar de mejorar su situación y a ellos mismos? ¿Estamos diciendo que por haber nacido en la pobreza y tener privaciones, nosotros no tenemos el derecho de pedirles que reflexionen sobre su actitud o cuestionar el cómo sus pensamientos, palabras y acciones podrían estar contribuyendo a su realidad? ¡Ves ahora! Sabemos que los humanos no pueden haber nacido iguales en el mundo material; sin embargo, en un mundo con toda integridad, hombres y mujeres tienen los mismos derechos y capacidades, si ellos así lo desean, también pueden alcanzar las alturas de la gran sabiduría interior, de la poderosa compasión e inteligencia espiritual. Solamente necesitan saber, como todos nosotros necesitamos saber, que esta opción está disponible.

Con nuestra capacidad de despertar a la paz interior verdadera y duradera, todos pueden buscar y encontrar la libertad personal, y ¿quién sabe cuál entorno es más adecuado para esta misión? Por lo tanto, vamos a parar de decir: "es fácil hablar de paz cuando vivimos en gran abundancia". Sí, es una locura y es ser egoísta no sentirse agradecido por la abundancia que se tiene, pero también lo es creer que la abundancia material es lo que "hace al hombre". No puedo imaginar cómo sería tener realmente poco y sonreír Tampoco puedo imaginar a un ser humano nacer sin la opción de tomar la responsabilidad de su manera de actuar, pensar y sentir, independientemente de sus circunstancias externas. El libre albedrío le da a cada persona la libertad de observar cómo sus acciones, pensamientos y palabras afectan al mundo alrededor de ellos y hacer algo al respecto.

Quiénes somos por dentro importa. Afecta directamente al mundo en que vivimos. Quiénes somos en el mundo material importa menos qué cual tipo de ser humano somos por dentro. La gente en los países de gran pobreza sufren a causa de la falta de integridad de sus líderes gubernamentales. También sufren por la crueldad de las personas que viven entre ellos en la pobreza – muchos de los cuales han recurrido a la violencia extrema como forma de vida.

Añadir esto a su propio sufrimiento personal y sí, su situación es difícil. Sin embargo, es por esta misma razón que la libertad personal y la paz interior son tan importantes para ellos para volver a conectar. También estoy segura de que hay muchas personas increíbles que tratan desesperadamente de ayudar a sus semejantes en estos países más pobres, pero cuyos esfuerzos pasan desapercibidos debido a los altos niveles de avaricia y corrupción que ocurren cuando grandes cantidades de dinero están involucradas. Nunca podemos dejar de hacer el bien sólo porque pensamos que nada está cambiando. El cambio puede no ser obvio, pero las cosas están evolucionando mejorablemente a medida que más y más personas cuestionan su contribución individual al estado de las cosas.

No importa lo que una persona tenga o qué mala suerte o buena fortuna se le ha otorgado; cada uno puede optar a elevarse como una ave fénix de las cenizas de su ego y reclamar su libertad de ser un ser amoroso y lleno de paz. El ego distorsionará considerablemente lo que vemos, sentimos y pensamos. Averigua quién eres en el centro más profundo, más allá del ego y de lo obvio, como nombre, sexo, edad, ocupación y estado. Encuentra esto y encontrarás la libertad.

Te diré quién eres más allá del ego y qué respuestas se encuentran detrás de la pregunta "¿Quién soy yo?", pero sin tu plena aceptación de la idea del ego como la limitación en la forma de verte a ti mismo, este conocimiento no te ayudará a liberarte de éste. En realidad, esto sólo cobra vida cuando puedes admitir que más allá del ego se esconde algo más sabio y amante de la paz que eres: tú.

El ego es lo que se interpone entre tú y tu esencia interior. El ego es como la carne en una manzana. Son las semillas, las que hacen a la manzana inmortal. Así que la semilla es realmente el núcleo de lo que es una manzana. La carne puede ser dulce, amarga, suave y blanda, o crujiente. Todas las manzanas son diferentes y sin embargo, todas ellas comparten una verdad. En cada manzana hay un núcleo con las semillas, y esas semillas puede dar manzanas con un sinfín de posibilidades.

Quiero usar esta analogía para describirte la forma como experimento a otros seres humanos, y también para ayudarte a entender la pregunta "¿Quién soy yo?" Compartimos la misma verdad que una manzana – mientras que todos somos diferentes en el exterior, en el núcleo, todos somos iguales.

Nuestra verdadera naturaleza está más allá de la carne, de la sangre, de los órganos y de los huesos. Nuestra verdadera naturaleza nos da infinitas posibilidades de crecimiento, flexibilidad, compasión y conectividad. Cuando uno se da cuenta plenamente del carácter limitativo del ego, esto se conoce como un despertar, una auto-realización. Este despertar te dará la verdadera auto-confianza y la integridad más profunda, así como la construcción de una fuerte conexión con la paz y la alegría en el aquí y ahora.

La manera más eficaz y deliberada que conozco para despertar y ser liberado de las limitaciones del ego, es a través de la meditación. También podemos llamarla auto-contemplación, sentarse en silencio, o mi favorito personal: "El amor por el Silencio". La gente se aterroriza con el sólo escuchar la palabra meditación, y por eso pienso que es importante definir lo que realmente es, para derrotar esta idea de alguna manera. A través del silencio, podemos calmar la mente, y cuando la mente está quieta, puede darse la conexión a este lugar de paz interior, y el amor y la felicidad pueden ser redescubiertos.

Meditación: ¿De qué se trata realmente?

¿Es la meditación una antigua técnica utilizada por gente especial como monjes célibes y sacerdotes para conversar con el Todopoderoso? Sí, y como el yoga, sus raíces están inmersas en las tradiciones antiguas. Y todavía ahora, es una práctica generalizada en todo el mundo, independientemente de las creencias religiosas. Todos pueden disfrutar y beneficiarse de la meditación. La meditación como una propia disciplina, está finalmente haciendo su camino en el pensamiento dominante y ya se está utilizando con eficacia para transformar las vidas de los hombres y mujeres comunes y corrientes. Ahora hay también una gran cantidad de evidencia científica que resalta los efectos especiales de la meditación en el cerebro, así como sus habilidades para ayudarnos a enfocarnos y reducir los síntomas del estrés. Vale la pena buscar en Google para encontrar información y saber más de los fascinantes hechos científicos acerca de la meditación y los efectos que tiene sobre nosotros.

Ahora sabemos que al menos el ochenta y cinco por ciento de todas las enfermedades están relacionadas con el estrés. Así que sabiendo cómo calmarse, relajarse y desconectarse, nunca ha sido tan relevante como lo es ahora. A medida que el mundo se mueve hacia adelante a un ritmo más rápido, los niveles de estrés aumentan cada año, con el agotamiento y la depresión, siendo estos, los principales problemas para los empleados.

La meditación me ha dado el acceso a un nivel de confianza y fuerza interior que ojalá todos pudieran tener el placer de experimentar. Puede ser una solemne y una antigua técnica usada por los monjes célibes y budistas, pero también es una herramienta de poder muy eficaz para cualquier persona que quiere superar los muchos desafíos de la vida moderna. Deja ir tu miedo a la meditación. En realidad, sólo significa sentarse en silencio. Sentarse sin hablar, observando el ir y venir de pensamientos, sentimientos y aliento. Cambiar tu atención fuera del tiempo y llevarla al aquí y ahora. Conectar a una paz que viene sin esfuerzo, cuando uno deja de lado a la mente pensante, al tiempo, al pasado, al futuro y en última instancia, al cuerpo físico. En pocas palabras, la meditación desarrolla tu capacidad para dejar ir a las emociones y a los pensamientos negativos y sólo ser.

La muerte del ego

La muerte del ego es la liberación, desde un punto de vista mental limitada, en el que se cree que uno es sólo el *yo* – el cuerpo y la mente. El ego es lo que causa tu infelicidad y falta de conexión. Es responsable de tus sentimientos de estar perdido, solo, confundido, sin amor, asustado, desesperado, impotente, deprimido, estresado, frustrado, enojado, celoso, amargado y todo lo negativo que puedas imaginar. ¡Siéntete libre de agregar algo a esta lista! Cada vez que experimentes estas fuertes emociones negativas, puedes estar seguro de que el ego está en el centro de éstas, y si no te enfrentas a tu ego, entonces no te sentirás liberado de la negatividad que estas emociones crean en tí.

¿Qué es exactamente el ego?

El ego es nuestra personalidad. Es la suma de nuestra educación y las creencias de nuestra sociedad, que nos ha enseñado acerca de lo correcto e incorrecto. Las creencias son cosas poderosas que nos hacen actuar y pensar de una manera determinada. Creencias tales como "los hombres son los jefes designados de la familia" o "los bebés varones son más valiosos que los bebés niña" son ejemplos perfectos de cómo el ego utiliza su limitada visión para controlar y dominar de una manera que no necesariamente sirve a la mayor integridad de la humanidad.

Es una máscara que pones para que el mundo te vea de una manera determinada. Puede ser de mucha auto-importancia y desconocimiento cuando las personas operan desde este lugar. Es entonces cuando vemos que los conflictos escalan hacia la violencia y parece no haber soluciones o posibilidades para llegar a un punto medio. Ahí es cuando vemos que los derechos humanos de las personas se rompen en la distancia, mientras se siguen ideales que no se basan en la igualdad y en la equidad.

El ego te separa de tu verdadera naturaleza, que es pacífica, amorosa y compasiva. Todos sabemos esto en algún nivel profundo; no importa lo lejos que nos pudimos haber desviado de ese camino. Mira qué bueno que es el ego, que sabe destruir nuestro planeta, manteniendo una distancia inhumana entre ricos y pobres.

Yo y mí misma– estas dos tontas pueden hacer de tu vida un infierno en la tierra, si se les permite dictar la forma en que vives tu vida. El ego es lo que vemos que se manifiesta como abuso de las mujeres, la pobreza extrema, los conflictos sin solución, la corrupción, el terrorismo y el "estoy-en-lo-cierto-ísmo". Sí, hay un *yo* en el derecho, pero también en la lucha, que es donde siempre nos lleva a la necesidad de tener la razón.

El ego incluso nos hace creer que nuestra religión es mejor que todas los demás. Nuestro Dios es el único, nuestra cultura es la mejor y el camino correcto. En lugar de simplemente abrazar lo positivo en el otro, nos quedamos atascados en el debate y la lucha de quién tiene la razón y quién está equivocado, perdiendo así el punto de la integridad y el amor que todas las religiones están tratando desesperadamente de inculcar en nosotros en primer lugar. El ego te detendrá a la hora de confrontar las propias creencias religiosas que pueden haberse quedado anticuadas, atrás, controlándote e incluso dudando. Creencias como "es un pecado ser gay" o "las mujeres no son lo suficientemente puras o lo suficientemente limpias para mantener posiciones de poder en las organizaciones religiosas".

A nivel personal, el ego hace que te resulte difícil decir algo tan simple como "lo siento, me equivoqué" o "Sí, he cometido un terrible error, perdóname". El ego podría incluso hacer que decir "te amo" se sienta como una visita al dentista. Mostrar tu amor, el afecto y la vulnerabilidad pareciera una debilidad. El ego quiere que mantengas sentimientos vulnerables un secreto celosamente guardado, y "¡Por favor, no sueltes lágrimas! ¡Por amor de Dios, eres un hombre hecho y derecho! ¡Sigan juntos!" y "¡Mujer, no llores en la sala de juntas! ¡Vas a perder la cara al mostrar la emoción verdadera de esa manera!"

Es cuando nuestro ego nos impide llevar alegría a otros con nuestras acciones y palabras que van demasiado lejos. Me encanta esta cita de Will Smith: "Si no estás mejorando la vida de alguien más, entonces estás perdiendo el tiempo". Me dice mucho, porque creo que es nuestro propósito en este mundo llevar alegría a los demás. Permitiríamos que el ego se escapara para asesinar si continuamos escondiéndonos detrás de él. El problema es que el ego gana, pero tú pierdes.

Un caballero encantador una vez me contó una historia simple pero bastante triste sobre cómo él le preguntó a una anciana que tenía problemas para caminar si necesitaba alguna ayuda para subir un tramo de escaleras. No había ascensor en el edificio. Ella lo miró sorprendida y estuvo encantada de aceptar su amable mano amiga. Tenía lágrimas en sus ojos cuando me contó esta historia, porque mientras subían las escaleras, la mujer confesó que nadie le había ofrecido nunca su ayuda antes y ella lo apreciaba mucho. Él me miró a los ojos con sus ojos húmedos y dijo: "¿A dónde vamos con todo esto Mahima, si ni siquiera podemos mostrar nuestro cuidado en estos sencillos actos de bondad?"

El ego sólo se preocupa de sí mismo y no tiene tiempo que perder en actos de bondad al azar o tiene una consideración sensible de los sentimientos de otras personas, especialmente de personas que ni siquiera conocemos. Tiene cosas más importantes que hacer, lugares para ir, gente que ver, cosas para llevar a cabo a cualquier precio. Si somos capaces de liberarnos de las limitaciones del ego, nos convertiremos en una luz más en el mundo, contribuyendo a una mayor armonía y menos egoísmo, celos, envidia, codicia, ira y miedo. Habrá más manos disponibles para ayudar a esa "señora mayor".

Convertirte en ti mismo, autorrealización y entendimiento espiritual

Ahora que sabes lo que es el ego, déjame decirte más acerca de quién eres y cómo te puedes escapar de las garras seductoras del ego. Recuerda que es el primer paso del camino a una mayor felicidad y paz en el aquí y ahora.

Lo que eres va más allá del género y del nombre. Es la energía que conecta todo y que existe en todo. Es la parte de ti que nunca puede morir. Estás siempre conectado a la misma y no puedes separarte nunca de ella. Sólo puedes creer que estás separado de ella a través de la mente y del ego. Sólo tenemos que estar conscientes de esta conexión, para empezar a beneficiarse de ella en nuestra vida cotidiana.

Nos conectamos con el mundo a través del cuerpo físico y de nuestros pensamientos. El cuerpo es como una taza que sostiene esta esencia. Hay muchas palabras que se han dado para describir esta esencia, como el amor, Dios, la naturaleza de Buda, chi, fuente, energía, luz, alma o espíritu. No me importa cómo prefieras llamarlo, pero me voy a referir a ella como la energía o la fuente. Cuando tú conectas a esta parte de ti mismo, te encontrarás con un amor que no conoce límites, con una alegría que no depende de las circunstancias y la capacidad de estar presente en el ahora. Es como conectarse a una fuente de alimentación sin límites.

Piensa en los grandes aventureros del mundo y todas las cosas increíbles que hacen, como correr un maratón, desnudo y descalzo en el Polo Norte. Estas personas realizan hazañas que matarían a un ser humano ordinario. Ellos están aprovechando esta poderosa parte de sí mismos que tiene un potencial ilimitado, la energía y el conocimiento. Todos tenemos acceso a esta energía y tú la has aprovechado una y otra vez en tu propia vida sin elegir conscientemente hacerlo. En los momentos en que te sentiste invencible, potente, lleno de alegría o de creatividad o cuando te encontraste a ti mismo "en la zona", tú estuviste conectado a la mejor parte de ti mismo. La meditación es la elección consciente para conectarse a esta fuente de energía.

Te estoy firmemente animando, si no lo has hecho ya, a tomar el tiempo para realizar esa conexión más profunda contigo mismo. La conciencia de quién eres en realidad, necesita estar en cada momento, y nunca habrá un mejor momento que ahora para empezar. La buena noticia es que incluso una pequeña cantidad de práctica, puede ayudarte a recorrer un largo camino.

Cada día debes darte cuenta de que tú no eres el ego, ni el cuerpo, ni tus relaciones, ni tus posesiones, ni tu dinero y ni tus emociones y pensamientos. Cuando miras con el corazón abierto, verás que la verdad es que viniste a este mundo sin nada y lo dejarás sin nada.

Cuando puedes aceptar plenamente esta verdad innegable en lo profundo de tu conciencia y vivir a diario con esta conciencia, el sufrimiento que experimentas en tu vida se volverá mucho menor. Gran parte de nuestro sufrimiento es creado por uno mismo a través de no ser capaz de dejar ir e "ir con la corriente". Vas a estar más relajado y podrás ver la vida más como una aventura interesante y emocionante, llena de giros y vueltas inesperados. Cambia tu enfoque lejos del cuerpo físico y conecta con el núcleo más profundo, que es tu verdadera naturaleza. La libertad, la alegría y la paz se convertirán en la segunda naturaleza para ti, cuando tomes todos los días tiempo para arrojar luz sobre tu ego y te pongas en contacto con la mayor energía que hay en ti.

Cómo comenzar a conectar con la parte suprema de tu ser?

Ten en cuenta que como principiante, la meditación, solo contigo mismo será más difícil que en la presencia de un maestro que puede corregir y guiarte en la dirección correcta. Es como aprender a conducir un coche. Puedes ser capaz de enseñarte a ti mismo (esto es extremadamente raro), pero sería mucho más fácil y con menos miedo, si tienes a alguien que ya sabe cómo conducir y te enseña. De esa manera puedes hacer preguntas y avanzar más rápido. Únete a un grupo de meditación, o haz una meditación en privado con un profesor.

Siempre me parece gracioso cuando la gente dice que prefiere meditar por su cuenta. Para mí, la meditación es como bailar. Puede ser genial bailar solo en su habitación, pero es mucho mejor bailar con alguien o en un grupo. La experiencia es tan hermosa cuando estás en armonía con otros, o en la misma longitud de onda que otro ser humano – o que todo un grupo. En última instancia, yo aconsejo a cualquier persona a aspirar a la posibilidad de disfrutar tanto de la meditación a solas o en grupo, pues ambos ofrecen algo muy especial y necesario.

Al elegir un grupo, asegúrate de que hay un buen profesor que te gusta, pero también tienes que saber que tu ego puede estar obstruyendo tu vista. Asegúrate de asistir a algunas clases, antes de decidir si el grupo es útil o no. Lo mismo se aplicará cuando pruebes clases particulares. Haz algunas lecciones antes de decidir si el profesor es correcto a menos que, por supuesto, tus sentidos te digan un "¡por supuesto que no!" hacia el profesor o al grupo desde el primer día. Confía en tu intuición, pero no te rindas. Sigue adelante hasta que encuentres al profesor y grupo ideal para ti. Verás que vale la pena el esfuerzo.

Pasamos la mayor parte del tiempo, tan pequeño y tan preciado que tenemos en este planeta, tratando de escapar de nosotros mismos. El problema es que si bien podemos escapar de entrar en contacto con lo que realmente estamos sintiendo y lo que realmente queremos de la vida, también estamos bloqueando nuestra posibilidad de experimentar la verdadera paz interior y la felicidad, que es nuestro derecho de nacimiento.

El ego no es algo que habla tanto como el amor, la igualdad, la justicia y la libertad, sin embargo, es la única cosa que se interpone en nuestro camino a la hora de experimentar todas estas otras cosas en una escala mucho mayor. Porque el ego es un tema que no se discute mucho, nuestros egos se interponen en el camino de nuestro crecimiento personal bastante rápido si no tomamos cuidado especial para asegurarse de que eso no suceda. Cuando nos encontramos comentando con frecuencia y con gran intensidad lo estúpido que esta persona es, o qué terrible idiota es esta otra, deberíamos asegurarnos de que estamos caminando lo que predicamos y estamos siendo el cambio que queremos ver en el mundo. De lo contrario, todos somos sólo hipócritas, ¿no? Es fácil señalar con el dedo de la culpa y el disgusto, mientras que apenas nos fijamos en cómo podríamos ser culpables de alguna forma de mal comportamiento o pensamiento. Después de todo, ninguno de nosotros es perfecto. La cosa es que, cuando dejas de culpar a tu jefe por tu miseria, te armas de valor para recuperar tu poder y hacer algo para cambiar la situación. Si crees que mereces algo mejor, encontrarás el coraje para actuar en esa creencia.

Podemos juzgar fácilmente a otros, en lugar de estar centrados en asumir la responsabilidad de cómo nuestras palabras, acciones y pensamientos están afectando a las personas que nos rodean. ¿Les traemos paz y alegría, o somos sólo mocosos malcriados que no sabemos cómo ser felices y estar en paz, incluso con todos los beneficios y comodidades que podamos tener? No te preocupes si piensas que podrías ser un niño mimado. Sólo el tomar conciencia ya es un gran paso y sin duda te llevará en la dirección correcta. La conciencia propia es la clave para superar los aspectos de nuestra personalidad que hemos aprendido, pero que ya no nos sirven o no nos soportan para ser quien queremos ser en el ahora.

Debo compartir esta divertida historia sobre cómo tuve un encontronazo casi fatal con mi ego, después de haber estado en la India por cerca de nueve meses. Fue con mi segundo maestro, Papaji. Él enfrentó a mi ego en una de las sesiones de meditación en frente de todos. Él se burló tanto de mí, que la sala completa también se terminó burlando a carcajadas. En este caso se reían definitivamente de mí, en lugar de conmigo. Al menos eso es lo que le parecía a mi ego.

Había escrito una carta preguntándole por qué algunas de las personas en su círculo interno eran tan agresivas. A menudo, cuando iba a su casa, un personaje duro me recibía con los dientes al descubierto enfrente de la puerta principal, respondiendo en tono áspero, con los ojos mirando con rudeza. Cuando finalmente conseguí el permiso para entrar en la casa, sentí que si las miradas mataran, estaría muerta en el lugar, con los ojos cerrados y fingiendo no darme cuenta. Como nunca había estado con ningún otro maestro espiritual viviente antes, no tenía ni idea de por qué estas personas se comportaban tan mal (a mis ojos) cuando vivían tan cerca de una fuente tan poderosa de la positividad y la luz.

Yo todavía no lo entiendo, pero al final, ¿quién era yo ahí? ¿Estaba para liberarme de mi sufrimiento personal, o para seguir poniendo mi atención en los demás, tratando de entender la política de su configuración? Estaba juzgando y criticándoles en lugar de centrarme sólo en mí misma y superar mis propios defectos. Ten cuidado en preocuparte demasiado por lo que otras personas están haciendo o no están haciendo, ya que esta actividad tiende a reforzar tu propio ego y a aumentar la sensación de superioridad y de arrogancia.

Cada vez que nos sentimos superiores a otras personas, ya sea superioridad emocional, intelectual o incluso espiritual, estamos en el ego, y nuestra capacidad para conectar, la empatía, el compartir, el aprender y el crecer realmente se comprometen. No puedes aprender algo de la gente cuando piensas que eres mejor que ellos. Todo el mundo te puede enseñar algo. Incluso una persona que no sabe leer y escribir puede enseñarte algo muy profundo y transformador de la vida. Si tu ego está en el camino y todo lo que ves es a una persona sin educación, es posible que no estés abierto a recibir los dones que la persona pueda compartir contigo. Incluso los eventos malos y terribles de nuestra vida nos enseñan algo. Estas experiencias, vistas desde un punto de vista diferente, nos pueden despertar. Son regalos para nuestro desarrollo personal y nos pueden potenciar enormemente.

Así que ahí estaba yo en una reunión con más de un centenar de personas, todos rodando por el suelo de la risa. Probablemente no fue así tan duro en la realidad, pero se sentía como la gente vitoreaba a Papaji al ponerme en mi lugar de forma buena y apropiada. Papaji tenía mi carta en la mano, la carta que había escrito en la que le pregunté por qué las personas a su alrededor no era tan amables, cálidas y acogedoras.

Permítanme volver por un momento a otra cosa que ocurrió meses antes, yo había tenido el valor para escribir realmente esa carta. La mano derecha de Papaji había amenazado con darme una paliza durante mi primera semana en Lucknow porque, sin obtener el permiso de la mano derecha del hombre, su esposa, entré en una pequeña habitación lateral donde Papaji se reunía con la gente después de la reunión principal en el hall. Ella daba permiso a quién entrar, como un guardia en la puerta, asegurándose de que sólo las personas invitadas entraran. Le pregunté si podía entrar, pero ella dijo que no, por la razón que sea, así que me decidí ignorarla. Durante esa reunión Papaji me invitó a venir y a sentarme con él y tuvimos una buena charla, además de que me invitó a ser habitual en la cena en su casa por las noches. Para cualquiera que conozca la configuración de Lucknow, esto era importante. Su casa era pequeña y el espacio era limitado, era un honor conferido a unos pocos. Era una invitación para formar parte de su círculo íntimo. Bien valió la pena el riesgo que tomé de autoinvitarme con descaro e impulsivamente en la habitación. La siguiente cosa que supe, inmediatamente después de que Papaji había salido de la pequeña habitación, el esposo pidió hablar conmigo. Caminamos lejos de las multitudes de personas que decían alegremente adiós al coche de Papaji. De repente me agarró del brazo, tomándome por sorpresa. Me miró amenazante, diciendo que si lo hiciera otra vez, iba a darme una paliza. Definitivamente él secó la sonrisa "feliz de haber sido invitada al círculo interior" de mi cara. Toda la experiencia fue bastante molesta, pero yo todavía estaba feliz. Acababa de seguir mi propio sentimiento y había logrado entrar en la habitación de todos modos. Comparto esto contigo, sólo para que puedas entender mejor por qué me encontré en esa horrible posición. Siempre tengo que hablar en contra de lo que siento mal. El haber sido amenazada por este individuo y algunas otras cosas que había presenciado en su casa y alrededor de la sala, plantearon la pregunta dentro de mi corazón, y ésta no se iba. En el momento en que todo esto ocurría, incluyendo la lectura de mi carta, yo ya había estado en Lucknow durante tres meses. En esos tres meses nunca había hecho a Papaji alguna pregunta relacionada con la meditación, la autorrealización o con la iluminación.

Así que él me había visto sentada allí en su reuniones mes tras mes, sólo escuchando, aprendiendo y absorbiendo todo lo que podía de él. Y entonces, cuando finalmente abrí la boca, no era para compartir algo de mi propia verdad o para hacer una pregunta significativa para profundizar más, sino más bien para juzgar y cuestionar lo que estaba pasando a nuestro alrededor. Ahora para ser clara, Papaji realmente amó mi carta – tanto es así, que de acuerdo con alguien que estaba allí, que él consiguió que todos los de su círculo más cercano se parasen a leerla y reflexionaran sobre su comportamiento. Él reconoció plenamente que mi carta era cierta. Pienso que fue el temor el que los llevó a actuar como lo hicieron. Cada vez que el miedo está presente, reaccionamos de una manera diferente – menos pacífica, menos cariñosa. Cualesquiera que sus razones fueron, ¿era esto realmente algo de mi incumbencia? ¿Por qué estaba en Lucknow, en realidad?

Papaji tomó la única oportunidad que yo le había presentado, para empujarme a ir más profundo. Él decidió exponer mi ego en frente de todos. Me preguntó qué tipo de paz que había encontrado si estaba tan fácilmente perturbada por la forma en la que otras personas me habían tratado. Se burló de mí, preguntándome: ¿quién creía que era, la princesa de Zimbabue? Por mi vida o no sé por qué, pero en el momento esto sonó muy insultante. No recuerdo mucho más de lo que dijo. Esa pregunta sólo siguió jugando una y otra vez en mi cabeza. Pero sí recuerdo cómo me sentía: estaba tan avergonzada. También estaba enojada y muy humillada.

Me fui a la habitación de la casa alquilada y empecé a hacer las maletas. Estaba furiosa, pensando que no necesitaba estar cerca de este viejo y sus estudiantes cerrados. La conciencia espiritual, ¡mi culo! ¡Este lugar... es una broma! Sí, como puedes ver, estaba muy enfadada. No estoy segura cuál parte me hizo estar más enfadada: el tener lo que yo pensé que era una pregunta perfectamente válida e ignorada, o esa pregunta terrible, "¿Crees que eres la princesa de Zimbabue?" La gente se estaba arrastrando por el suelo de la risa histéricamente cuando apareció esa pregunta. Algunos se rieron tanto que tenían lágrimas en los ojos y estaban sosteniendo su vientre del dolor. Horas más tarde, todavía podía sentir el aguijón de la vergüenza. ¡Yo claramente no capté la broma!

Cuando me calmé lo suficiente como para recordar y reflexionar sobre qué más había dicho él, me di cuenta de que él había hecho un buen punto. Me preguntó lo que haría en la vida, cuando la gente no fuera amable conmigo. ¿Sería únicamente en esta condición, cuando la gente fuera agradable conmigo, en la que yo pudiera estar conectada con mi paz interior, con la alegría y la libertad personal? ¿Qué clase de paz había encontrado realmente? ¿Qué tan profunda y cuán real era?

Mi ego se enfureció porque, pensé, "Bueno, yo no estoy en el mundo real, ¿verdad? ¡Estoy en un grupo espiritual con la gente que yo creía que debería saber mejor cómo tratar a los demás!" ¡Suposición equivocada! La verdad era que él tenía razón. Nunca puedes escapar de tu naturaleza humana. Mientras vivas todavía en el planeta Tierra y los seres humanos estén ejecutando el show, tienes que hacer frente a sus y a tus propios miedos, ira, envidia, celos, groserías, falta de tacto y todo lo que puede surgir cuando los seres humanos se reúnen.

Habiendo dicho lo mal que algunos de sus discípulos se comportaban a veces, cuando ellos estaban protegiendo su territorio; ellos también fueron algunas de las más dulces, cariñosas, amantes de la diversión, abiertas y apasionadas personas que podría haber conocido. La verdad es que puedo decir que tuvimos algunos increíbles tiempos juntos, celebrando y compartiendo maravillosos y especiales momentos. Nunca antes había recibido tanta luz y amor en mi vida como lo tuve con ese grupo de personas. Así que de nuevo, otra gran lección aprendida cuando me sacudieron mi ego fue esto: ¿en qué quiero poner mi enfoque? ¿En el mal comportamiento, o en el bien que había allí en sorprendente abundancia? Tú podías literalmente ver las caras de los recién llegados, duras expresiones de sufrimiento personal transformadas en expresiones suaves de paz y alegría profunda. Sí, hubo algo de fealdad en ese grupo, pero también hubo mucha, mucha belleza y bondad.

¿Te imaginas la entrega de tus juicios, tu ira, tus ideas de cómo se "supone que es" y volver a un lugar donde se siente que ha se perdido la cara, un lugar donde las personas pueden seguir riendo de ti, porque parecías ridículamente estúpida y divertida en sus ojos, la máscara del ego despojado de distancia sin ningún lugar para esconderse? Bueno, eso es lo que sentí hace tantos años, cuando decidí quedarme en lugar de huir. Fue una gran victoria contra mi ego que me hizo más humilde pero también resultó ser muy liberadora.

La verdad es que puedo decir que fue otro punto de inflexión en mi vida, en donde conocer y vivir la verdad llegó a ser más importante que alimentar mi ego insaciable. Papaji me había dado una buena patada en el trasero, que se necesitaba con urgencia. Por suerte para mí lo pude tomar, y lo usé como trampolín para profundizar más en paz, más profundo de lo que había aventurado antes. No dejar Lucknow rápidamente fue una de las mejores decisiones que he tomado en mi vida.

Su pregunta era buena. Él realmente me consiguió dar un jaque mate "¿Qué vas a hacer en la vida, cuando la gente no sea amable contigo? ¿Vas a permitir que otras personas dicten cómo te quieres sentir? No estés tan preocupado por lo que otros están haciendo. Concéntrate en ti mismo. No me entiendan mal – es bueno preocuparse, pero a menudo se extravía este cariño y nos hacernos las víctimas. Ve más profundo y encuentra una paz que no depende de la naturaleza voluble de los estados de ánimo, la generosidad o actitudes de otras personas". Pensé que esto era un excelente consejo. Y yo seguí. Es uno de los mejores consejos que he recibido.

Todo está intrínsecamente conectado. No hay nada de lo que existe en este planeta que no sea una parte de ti. Papaji me enseñó a estar en paz, no importa lo que pasaba a mi alrededor, y al mismo tiempo me demuestra que nuestra naturaleza humana no se puede escapar. Él no era un hombre perfecto, por cualquier medio, y tampoco se pretende ser. Creo que él y Osho cometieron sus errores también. Ambos tenían sus propias lecciones que aprender mientras vivían con tanta gracia como pudieron en sus estados despiertos.

Papaji mostró su transparencia y voluntad al permitir a todos los estudiantes acceso a su casa privada. Podríamos verlo comiendo y sentado en pijama viendo la televisión y hacer frente a las cuestiones que le hicieron feliz y algunas que le inquietaban y enfurecían. Esto era realmente una gran parte de los regalos que le dio a sus alumnos – su disposición a verse fuera del escenario. Quitó la distancia que había en verlo unidimensionalmente como sólo un gran maestro. Mostró su propia humildad y la ausencia del ego haciéndonos saber que él también era sólo otro ser humano.

Ahora sé que no soy este cuerpo. No soy esta mente. Yo no soy lo que poseo o lo que hago. Soy esa energía eterna que es intemporal, sin forma y sin nombre. Soy un amor, paz y alegría que no tiene límites y es independiente de lo que está pasando en el mundo que me rodea. Esta verdad no es exclusiva de mí. Se encuentra perdida en cada corazón humano, hasta que el corazón pasa a una buena o mala experiencia que le permite encontrar su camino de regreso a sí mismo. Dá vuelta a tu enfoque hacia el interior. Para saber más acerca de quién eres, más allá de las cosas obvias. Busca guía a lo largo del camino. Haz preguntas, sé curioso, medita, contempla, siéntate en silencio y conecta con el silencio y el amor al silencio. Tu cuestionamiento y tu voluntad de estar contigo mismo en silencio te conducirán a la verdad de lo que realmente eres.

Es así de simple, y vale la pena el esfuerzo. Como todo lo nuevo, que estás aprendiendo. El principio requiere una cierta cantidad de compromiso y luego, oye, antes de darte cuenta, estás hablando francés, comiendo caracoles y dando besos franceses, o estás sentado en silencio, bebiendo en el silencio y consiguiendo la paz interior.

SEGUNDO PASO: AMOR INCONDICIONAL

Abrir el corazón. Practicar el amor incondicional. Mantener un "corazón puro".

No se puede estar en la búsqueda de cualquier tipo de felicidad sin preguntarte si estás operando desde el corazón abierto, con transparencia y honestidad. Ser honesto contigo mismo y con los demás es algo que necesitas para trabajar en estado vigilante si sinceramente deseas acceder tu mayor integridad.

El poder de amar y cuidar profundamente es un instinto especialmente otorgado a las mujeres debido a su papel especial en el proceso de procreación, mientras que muchos consideran que los hombres tienen menos conexión con estas cualidades y aparentemente operan desde un lugar más insensible y distante. También se ha dicho por algunos, que los hombres carecen de intuición y del "sexto sentido" que es bien sabido que las mujeres poseen. Todo esto me suena a algo que el ego nos animaría a creer, para mantener a los hombres y a las mujeres en pie de guerra. ¡Dios sabe que está trabajando! La batalla de egos entre hombres y mujeres está en su punto más alto cuando las mujeres luchan por su lugar fuera de la casa. No hay duda de que los hombres y las mujeres son diferentes en muchos aspectos tanto emocional como físicamente, pero yo personalmente creo que el amor, la compasión e incluso la intuición son cualidades que ambos sexos pueden desarrollar y ser igual de buenos. Esto es porque estas cualidades tienen mucho más que cualquier otro factor que ver, con qué nivel de integridad y conciencia de sí mismo opera cada persona en un momento dado.

La guerra de superioridad entre hombres y mujeres es algo que ha estado ocurriendo durante mucho tiempo, con algunas mujeres que dicen son mucho más sabias y superiores a los hombres en todos los niveles, excepto en la fuerza bruta. Otros creen firmemente que el lugar de una mujer está detrás de su marido, dejando que él tome las decisiones y sea el líder. Lo que me parece interesante es esto: aunque aparentemente son más intuitivas e inteligentes que los hombres, de acuerdo con las creencias de algunas personas, las mujeres todavía aún no han encontrado una manera de recuperar el poder de los hombres y reclamar su obvio y legítimo lugar como los mejores líderes.

Creo que sé por qué esto no ha sucedido. Tal vez nosotras, las mujeres, tenemos que echar un buen vistazo a lo que estamos haciendo y ver cómo hemos contribuido y seguimos contribuyendo a la creación de algunas de las situaciones terribles en las que nos hemos encontrado y seguimos encontrándonos. La represión de las mujeres es un problema al que muchas mujeres todavía se enfrentan, muchas por elección, otras en contra de su voluntad bajo la presión de sus sociedades o incluso de los gobiernos en los que viven.

Al hablar con mujeres, me doy cuenta de cómo parecemos tomar malas decisiones, como si no fuéramos mejor que los hombres. Nos comprometemos o incluso nos casamos con chicos que no nos respetan ni valoran nuestras contribuciones. Elegimos tener demasiados hijos cuando ni siquiera tenemos los nervios, la paciencia o los recursos para tener sólo uno. Nos mantenemos en situaciones negativas que van en contra de nuestra verdad más profunda. No nos amamos a nosotras mismas, ni respetamos nuestros sueños. Por supuesto que hay muchas, muchas excepciones, así que por favor no te ofendas si tú no haces ninguna de estas cosas. Sin embargo, no endulcemos demasiado el estado emocional de las mujeres de hoy.

Si fuera cierto que las mujeres son naturalmente superiores y mucho más capaces de amar y tener una compasión verdadera, entonces, ¿por qué no actúan de forma más ingeniosa? En algunas culturas, las mujeres ni siquiera han enseñado activamente la igualdad y la equidad entre sus propios hijos varones y mujeres. ¿Por qué no han protegido a sus propias hijas de las creencias dañinas y los rituales como la circuncisión de los genitales femeninos? Estos rituales pueden dejar a sus propios niños mutilados o incluso llegar a matarlos. Algunas de estas circuncisiones han causado un sufrimiento físico y mental terrible para los niños por el resto de sus vidas. Hay más ejemplos que se podría presentar para argumentar en contra de la superioridad de las mujeres sobre los hombres, pero creo que tú me entiendes. El ego, una vez más, es el responsable de estas horribles creencias culturales que se han celebrado durante siglos, y desafortunadamente todavía siguen siendo practicadas, aunque es evidente que carecen de todo lo que uno podría llamar compasión.

Incluso llamarlo amor, sería estirar demasiado el uso de ese término, en mi humilde opinión.

Tal vez todos tenemos que enfrentar el hecho de que cuando se trata de una auto-conciencia superior, las mujeres pueden estar tan perdidas como los hombres. Durante la infancia, cuando se están formando sus caracteres básicos, nosotras las mujeres hemos esculpido y moldeado a los mismos hombres que acusamos de carecer de sensibilidad y conciencia. Tal vez podríamos haber hecho – y deberíamos estar haciendo – un mejor trabajo en asegurarnos de que los hombres se mantengan en contacto con las cualidades que apreciamos, cualidades como la justicia, el amor, la honestidad, la empatía y la integridad. Lo más importante es que debemos enseñar a nuestros niños la conciencia de cómo sus pensamientos, palabras y acciones afectan a las vidas de las personas alrededor de ellos.

Mujeres, es esencial que reconozcamos que hemos hecho nuestra contribución al estado del mundo a través de lo que los hombres han llegado a ser. No me entiendan mal. No estoy diciendo que las mujeres no han sido tratadas injustamente, maltratadas y discriminadas. Claro, que lo han sido, y el horror es que todavía está sucediendo en muchos lugares alrededor del mundo. Ahora, debemos pensar en cómo pudimos permitirlo y cómo continuamos permitiendo que esto que suceda.

Si queremos un cambio y libertad, tenemos que ver con honestidad, cómo hemos contribuido y seguimos contribuyendo a que las situaciones que detestamos tanto sigan sucediendo. Si puedes cambiar como individuo, puedes inspirar a otros a hacer lo mismo. Así es como podemos avanzar juntos. Si somos capaces de revolucionar la forma en la que educamos a nuestros hijos varones, tal vez entonces veríamos el surgimiento de hombres mejores. Entonces veríamos a más hombres que pudiéramos respetar y admirar, no sólo como hijos, sino también como esposos y líderes. A través del trabajo con las mujeres, he llegado a ver que no parecemos haber tenido mucho respeto por nuestros hombres. El tema del que a más mujeres les encanta quejarse, es: los "hombres" y la forma en que nos tratan. Señoras, tenemos que asumir la responsabilidad de lo que hemos creado y de lo que permitimos.

Incluso la forma en la que nos vestimos y tratamos a los demás, no ayuda a nuestro caso. Algunas de nosotras caminamos por ahí, mostrando la mayor parte de nuestras tetas, con faldas súper cortas donde nada se deja a la imaginación. Nalgas expuestas, caras con Botox y zapatos tan altos e incómodos que apenas nos dejan pensar con claridad. Por supuesto, esto puede tener un aspecto divertido a veces. Es así que al presentarnos nosotras mismas de esta manera, pedimos no ser tratados como objetos sexuales. Si tomamos esto en serio, entonces tenemos que reconsiderar la dirección que nuestro código de vestimenta está tomando. ¿Estamos yendo demasiado lejos como *Sexy Lane*? Y ¿afecta esto en cómo los hombres nos ven y nos tratan hoy en día? ¿Hemos realmente luchado por toda esta libertad para poder tener el derecho de descubrir nuestros pechos y nalgas ante el mundo y no ser llamadas con nombres sucios por hacerlo? ¡Yo no lo creo!

Muestren menos, señoras. Eso sería mucho más poderoso y dejaría caer el "si lo tienes, presúmelo". ¿A quién estamos engañando? Pero cubrirse con un Burka no es lo que estoy sugiriendo.

Tenemos que trabajar juntos para romper con el confinamiento de un mundo dominado por los hombres. Para hacerlo con eficacia, señoras, es posible que tengamos que abrir las mentes al hecho de que los hombres pueden ser mucho más inteligente de lo que nosotras les damos crédito. Mira lo bien que lo hacen por sí mismos. Los hombres y las mujeres están en igualdad de condiciones cuando se trata de aprovechar nuestras habilidades para ser generosos, potentes, cariñosos, abiertos, creativos, intuitivos y compasivos. Todo esto es sólo una cuestión de lo que te han enseñado y de cómo deseas evolucionar como un adulto. La capacidad de amar, ser amable y tener integridad no está basada en el género. Es una elección que cada ser humano hace, que se basa en la educación de sus padres, en la sociedad y en cualquier tipo de influencias fuertes a las que uno ha estado expuesto. No se puede realmente evolucionar hasta que decidas liberarte de estas influencias y te atrevas a ser "tú mismo" y llegues a ser un libre pensador innovador.

Sé que mi mamá nos quiso mucho a mi hermana ya mí, y sin embargo, me pregunto cómo no sentía intuitivamente lo que estaba pasando delante de sus narices. Al pensar de nuevo en ella, la cara y la actitud de mi hermana hablaban por sí mismas. Cualquiera podría haberse dado cuenta de que algo no andaba bien. Mi intento de suicidio a los catorce años fue un grito de ayuda que no fue escuchado. Recuerdo una fiesta de cumpleaños especial donde toda la familia – mamá, Frank, mi hermana y yo – fuimos a un restaurante y mi hermana se sentó allí y lloró.

Me estremezco al pensar con qué frecuencia las mujeres de todo el mundo simplemente duermen a su sabiduría interior y a su intuición, de la misma forma en que mi madre parece haberlo hecho. Es algo que vale la pena considerar, señoras. ¿Estás en este momento "auto-embruteciéndote" con el fin de mantener una relación? ¿Qué verías y qué cambiarías si decidieras despertar y tuvieras el poder de reconocer lo que realmente está pasando en tu vida? Todos tenemos un increíble acceso a una gran intuición y claridad; sin embargo, tendremos que ganárnoslo. Si los chicos están haciendo un buen trabajo nublando nuestros ojos, ¡a lo mejor es porque permitimos que se salgan con la suya!

El amor empieza contigo mismo

Deja de buscar al caballero de armadura brillante para la doncella del cuento de hadas y entonces el amor verdadero llegará a tu vida. Si el amor verdadero es ser encontrado, entonces tienes que encontrarlo dentro de tu propio corazón. Cuando nos amamos a nosotros mismos, no de una manera arrogante, sino en la forma más pura que podemos, estamos en paz con lo que somos, incluyendo nuestros defectos. Este tipo de amor hacia ti mismo, te dará acceso a una mayor empatía y compasión por otros seres humanos también.

Tener una buena dosis de autoestima y sensación de plenitud en ti mismo, te dará la fuerza para permanecer sólo en aquellas relaciones que sirvan al propósito de crecimiento y aprendizaje para ti y tus socios, amigos o familiares. Tu relación contigomismo siempre tiene que ser más importante que cualquier otra relación. Algunas personas podrían pensar que esto te hará egoísta. Déjame explicar por qué creo que es exactamente lo contrario.

Incluso tus hijos estarán agradecidos de tener una madre y un padre que se enorgullezca de su bienestar psicológico, físico y emocional, y que no se pierda en sus hijos. Abrumarse, estresarse y desequilibrarse, perder la confianza, todo sucede porque los padres se olvidan de mantener la relación con ellos mismos: fuerte, saludable y feliz. ¿Qué niño no preferiría tener a un padre que se funda en él mismo y que sepa cómo ser pacífico, alegre y esté presente en el ahora? Para lograr esto, tienes que estar dispuesto a poner tu relación contigo mismo por encima de todas las demás relaciones.

Es más egoísta traer un niño a este mundo y cargarlo de tu infelicidad, tristeza, falta de claridad e involucramiento en relaciones malsanas. Desde este punto de vista, es una obviedad, ¿no? Mantente conectado a ti mismo sin importar que otras relaciones surjan en tu vida. Abre tu corazón y práctica el amarte a ti mismo. Esto significa: sé suave, dáte apoyo y comprensión, especialmente cuando suceda algo que provoque sentimientos de ira, frustración, tristeza o cualquier otra emoción negativa. Estos son los momentos en donde tu capacidad de seguir siendo cariñoso, solidario y amable contigo, se pondrán a prueba.

Cuanto más amor y empatía te des a ti mismo, cuanto más rápido serás capaz de dejar ir a los sentimientos y pensamientos negativos que te inquietan. Es a través del corazón y no de la mente en donde la verdadera pasión y la sabiduría entran, viven y crecen en ti. Permanece presente en el corazón y tendrás un acceso mucho más rápido a este conocimiento y no quedarás atrapado en las ideas erróneas y en los malentendidos, esto será más fácil que usar un enfoque mental para tratar de entender las filosofías más profundas de la autorrealización. No importa qué tan alto es tu coeficiente intelectual, tienes que saber que hay una parte de la autorrealización que no puede ser entendida a través de la mente, ésta puede ser sólo conocida y experimentada a través del corazón.

¿Cómo mantener nuestros corazones abiertos?

Tristemente, asociamos la vulnerabilidad con la debilidad, cuando en realidad es uno de nuestros más grandes regalos, así como nuestra mayor fuente de fortaleza emocional. Ésta nos mantiene suaves y flexibles, lo opuesto a convertirnos en duros y quebradizos, mental y emocionalmente. Algo suave y flexible como una pelota de goma puede sobrevivir mejor que algo duro y frágil como una botella. Se necesita un gran esfuerzo para destruir o hacer un hoyo en una pelota de goma. Todos hemos conocido a personas difíciles y frágiles. Es lo que pasa si nunca te permites mostrar tu vulnerabilidad y apertura mental.

Mantener un corazón abierto no es tan complejo y difícil como puedes pensar que es. La verdad es siempre más sencilla de lo que estamos dispuestos a aceptar. Si deseas mantener tu corazón abierto, entonces demuestra la responsabilidad de cómo tus pensamientos, acciones y palabras afectan a los que te rodean.

Puedes empezar por observar de cerca el tono de voz en tu cabeza. Amarte a ti mismo es vital cuando se busca la capacidad de estar más pacífico y feliz en el aquí y en el ahora, por el simple hecho de que tienes que estar contigo mismo veinticuatro horas al día, siete días a la semana, 365 días al año. Incluso mientras duermes, todavía tienes que lidiar contigo mismo en el estado de sueño. ¡Confía en mí! Si continuamente estás tratando de evitar escuchar y estar contigo mismo, con tus pensamientos y con tus sentimientos, esto sólo te traerá problemas, incluso enfermedades. Cuanto más pronto transformes esta relación en la más grande historia de amor jamás contada, más pronto podrás seguir adelante, disfrutando de más tranquilidad mental en tu vida diaria.

El no ser cariñoso y amable con uno mismo puede dar lugar a todo tipo de problemas físicos y psicológicos, tales como trastornos en la alimentación, depresión, agotamiento, hipersensibilidad, problemas para dormir, dolor de espalda e incluso la pérdida de cabello debido al estrés. La lista de horrores que uno puede esperar si no se toma el cuidado de uno mismo, sigue y sigue y sigue y sigue, pero voy a parar aquí. Cuando la salud física o psicológica se rompe, esto conduce a una falta de confianza y al aumento de los niveles de miedo, lo que afecta a la capacidad para desempeñarse bien en el trabajo o en las relaciones personales. El miedo es debilitante y puede llevar a tomar malas decisiones, que también pueden dar lugar a toda una serie de desafíos. Así que entiende lo importante que es que te sientas cómodo en tu propia piel y que seas feliz con lo que eres ahora. Debemos mantener nuestros niveles de confianza altos, sin dejar de ser humildes y no ser egoístas ¿Suena más fácil decirlo que hacerlo? No, si no lo piensas demasiado. Ya sabes intuitivamente cómo hacer esto. Es sólo una cuestión de seguir adelante con ello en tu vida diaria.

La voz en tu interior

Recuerdo el molesto diálogo interno que estaba en mi cabeza antes de encontrar la meditación. El odio a mí misma era tan intenso como las duras autocríticas. Me di cuenta de que se trataba de un hábito que había recogido durante mi infancia. Había un montón de amor en nuestra familia, pero también una gran cantidad de tensión y miedo. Honestamente puedo decir que no recuerdo haber recibido muchos elogios de los miembros de la familia durante mi infancia, excepto cuando estuve moviendo mi pequeño trasero al bailar. La mayor parte de la atención en aquellos días estaba en lo que estaba haciendo mal y no en lo que estaba haciendo bien. Esto me enseñó a hacer lo mismo conmigo misma. Estoy bastante segura de que la mayoría de la gente tiene una experiencia similar de ser enseñado a centrarse principalmente en los aspectos negativos de sí mismos y de sus vidas. Sin embargo, esto no es una excusa para seguir siendo víctimas del pasado. Hay demasiadas personas que utilizan su pasado como una excusa para permanecer en el sufrimiento, e incluso repiten, en cierta medida, el abuso que sufrieron. Lamentablemente acaban pasando el abuso a sus hijos.

Adquiere el hábito de dar continuamente alabanzas y elogios. Llena tu mundo de entusiasmo y ánimo. Esto ayudará a nutrir el diálogo interno positivo en ti mismo y en las personas que te rodean.

El perdón

Practica contigo mismo el mantener un "corazón puro". No te alarmes – yo no soy una puritana chapada a la antigua, ni nada parecido. Por "puro", me refiero simplemente a un corazón que esté libre del resentimiento, ira, miedo o de la culpa hacia uno mismo y hacia los demás. Esto incluye a personas que te han abusado, te han herido, han roto tu corazón o simplemente a las personas a las que no les importaste lo suficiente, cuando deberían haberlo hecho. La clave para un corazón puro es el perdón. ¿Cómo podemos llegar al punto en el que podamos perdonar algo como abuso? Lo tengo, y sucedió cuando me di cuenta de que aferrarse a los sentimientos y recuerdos negativos sólo estuvo haciendo daño a una persona – a mí misma.

La persona que ha hecho algo contra ti, por desgracia lo hizo por su propia y profunda falta de conocimiento. ¿Quién sabe lo que les pudo haber sucedido a ellos, para hacer que se desviaran de la trayectoria de su innata bondad? ¿Quién sabe qué abusos u horrores esa persona pudo haber aguantado, hasta llegar al punto de estar totalmente perdido y sin una clara brújula moral? Elijo creer que todos los seres humanos nacemos como energía pura y amor. Lo que les sucede a ellos, es lo que dará forma a la base de su carácter, y el libre albedrío en un momento, determinará sus acciones y además cristalizará su carácter.

Para dejar ir el resentimiento o la tristeza, tenemos que ver que lo que ha sucedido, nunca se podrá cambiar. Ya está hecho. No hay nada que podamos hacer para alterar este hecho. La aceptación de esta verdad es un ingrediente crítico que nos dará la fuerza para dejar ir al enojo, la frustración o al dolor profundo y tristeza que todavía podemos seguir cargando inconscientemente. Estos sentimientos inconscientes afectarán tus relaciones actuales, por lo que será bueno hacer frente a tu pasado con el corazón abierto, aceptación y perdón. Se convertirá en una decisión personal, si vamos a permitir que el pasado continúe alterando nuestras vidas y limite nuestra capacidad de ser felices y estar en paz en el ahora. No podemos controlar lo que otras personas hacen o hicieron, pero podemos controlar la forma en la que reaccionamos a sus acciones. No permitas que las acciones y palabras de otras personas te limiten y definan. Eres la única persona que puede permitir que eso suceda.

Tenemos la tendencia de culpar a la gente por nuestros sentimientos negativos como la ira, la tristeza, la frustración, la confusión y más, cuando la verdad es que tenemos la opción de dejar ir estos sentimientos y reenfocar nuestra atención en sentir lo que elegimos sentir en este momento. El descubrimiento de esta verdad fue un momento muy liberador en mi vida. Decir que estaba autorizando sería un eufemismo. Si tú recuerdas sólo un punto de este libro, ¡que sea éste! Puedes elegir dónde pones tu atención, y esto va a afectar el cómo te sientes. Yo elijo enfocarme en las cosas simples y positivas en mi vida y en el mundo. Elijo sentirme feliz y agradecida. Con esta actitud, es difícil que los sentimientos problemáticos se queden por mucho tiempo. Cuando comienzas a centrarte en el bien, en el amor y en la risa que hay en ti, entonces esos aspectos empiezan a expandirse y te consumen. A través de la práctica del auto-amor, la aceptación y el perdón, vas a aprender el cómo amar incondicionalmente.

¿Qué quiero decir con "la práctica del amor propio"?

No me refiero a amar, aceptar y respetar sólo tu cuerpo físico y tu personalidad. También quiero decir respetar y conectar con la mejor parte de ti. Es muy importante incluir esto en tu propia imagen. La mayoría de la gente no da suficiente espacio para esta parte de sí mismos para expresarse a través del cuerpo físico. Su mente / ego ha tomado totalmente la forma en la que se ven y experimentan a sí mismos. Es por eso que todo se siente tan fuerte, se ve tan complicado y parece ser tan difícil.

En el momento de entregar tu ego / mente, a la mejor parte de ti, entonces la pesadez y el sentido de lucha que hay en tu ser, se disolverán. Ahí es cuando la sensación de ligereza, confianza y libertad entrarán en ti. La única cosa de la que verdaderamente eres responsable, es tu libre albedrío. Elige ser un ser humano feliz, pacífico y cariñoso. Todo lo demás se hace cargo de sí mismo. Sé que esto parece difícil de creer, pero ha sido mi experiencia personal durante los últimos veinte años. Esto es como si ser feliz y estar en paz te hiciera vibrar en una frecuencia determinada, a la que el mundo que te rodea responde de una manera positiva.

Practicar el amor propio, que a su vez conduce a una conexión más profunda con el amor incondicional, te hará darte cuenta de que dentro de ti está todo lo que siempre necesitarás para ser feliz en esta vida. Cuando despiertas a tu fuerza interior, te das cuenta de que estuviste caminando en la oscuridad y de pronto la luz está encendida. Antes, estuviste cayendo sobre las cosas y haciéndote daño, porque no podías ver el camino. Ahora que la luz está encendida, se puede ver todo. El amor es como la espinaca que

Popeye, un héroe de mis revistas de dibujos animados infantiles, comió para obtener mayores poderes y así poder enfrentar los retos a lo largo del camino. El amor te fortalecerá en todos los sentidos y te llevará más allá de los límites que pongas en él. ¡Un corazón lleno de amor es indestructible! Estas son declaraciones poderosas que comenzarán a trabajar para ti, si las tomas en serio, con tu corazón.

La dignidad y el amor propio aumentarán la paz de tu mente, siempre y cuando no estés luchando y seas malo e impaciente contigo mismo. A través de la meditación, la contemplación, al sentarte en silencio y tomarte el tiempo para reflexionar y aquietar la mente, te darás cuenta de que el cuerpo es sólo un vehículo para algo más grande a expresarse. Ese algo mejor, es lo que realmente eres. Ese algo más, es tu poder interior sin límites. Ese algo más grande te permitirá ir más allá de tus miedos y tus dudas.

Superar un corazón roto

Sé que cualquiera que haya amado a otro, probablemente ha conocido el dolor que proviene del amor no correspondido o del haber sido traicionado de una manera impensable. Se puede sentir como no poder volver a amar de nuevo o permitirte ser tan vulnerable. Eso significaría que estás dando tus primeros pasos para convertirte en un ser duro y frágil. Reflexiona profundamente – tú no quieres ir por ese camino. El amor es algo muy poderoso que no debe ser subestimado. El amor te permitirá perdonar y soltar el pasado herido y el dolor del corazón.

Recuerdo el momento en mi vida en el que realmente entendí el significado del amor incondicional y lo que significa mantener un corazón abierto. Yo estaba saliendo con un chico holandés. Él era hermoso. Muy alto, con brillantes ojos azules, pelo largo, grueso y rubio y con grandes y rojos labios besables. Estaba tan enamorada. Me gustaba todo sobre él, desde su cálida risa burbujeante hasta su dulce personalidad. Era el tipo de persona que le gusta simplemente a la gente inmediatamente. Él encantaba a señoras mayores y a niños pequeños por igual. Yo estaba convencida de que él era el elegido. Al igual que Neo, "El elegido" en la película *Matrix*, yo tenía grandes esperanzas en este hombre. Salimos intensamente durante unos tres meses antes de que él me revelara que tenía una ex novia a la que ahora sabía que él realmente amaba y con quien quería volver. Él también murmuró algo acerca de la forma en que no habían terminado completamente, pero que apenas y se habían visto desde que él y yo habíamos estado saliendo. Estaban en una especie de período para averiguar lo que realmente querían y sentían el uno por el otro.

Yo me enfadé mucho. Se sentía como un abrupto despertar y me tomó totalmente por sorpresa. Me dejó hecha un desastre, gimiendo, acurrucada en el sofá por unos días. Yo pensaba obsesivamente sobre cómo él me había traicionado y mentido y me había hecho enamorarme de él de todas formas. Me molestó y me sentí profundamente herida por este asunto tan horrible. Durante el primer día o el segundo, cuando estaba pasando por la ruptura, reflexioné mucho sobre lo que realmente estaba sintiendo y traté de encontrar la fuente de mi dolor. ¿Qué era exactamente lo que me estaba haciendo sentir tan inestable y miserable? Medité, y los sentimientos se borraron durante la meditación, sólo reaparecieron poco después. Mi experiencia a lo largo de los años es que esto sólo sucede cuando hay algo de verdad profunda que no estoy enfrentando y algún regalo para crecer que no estoy recibiendo. Una vez que te enfrentas a ella, aprendes la lección y los sentimientos negativos se disuelven tan rápido como surgieron.

Algunas personas piensan que la única cura para el dolor es el tiempo. Bueno, esto simplemente no es cierto. El amor propio y confrontar la verdad también te hará libre y curará ese corazón roto más rápido de lo que podrías imaginar. Recientemente ayudé a una señora con una ruptura y ella simplemente no podía creer lo fácil que estaba manejando el asunto. Ella se sintió fuerte y en control, y porque ella se quedó en el corazón, ella no experimentó los fuertes sentimientos de agonía y los sentimientos dolorosos de rechazo que estaba esperando a sentir. No eran ni las cuarenta y ocho horas después del rechazo, cuando ella ya se estaba riendo con sus amigos y seguía adelante con su vida de nuevo. Ella sabe ahora de la experiencia directa: obtienes más de lo que te enfocas. Ella había mantenido su enfoque en los aspectos positivos de la situación. Ella también había optado por seguir sintiendo amor y positividad hacia el chico, y eso era el verdadero secreto. Eso la hizo libre del sufrimiento.

Así que, volviendo a mi historia de ruptura con el semidiós holandés. En algún lugar en el tercer día de la situación de pesadilla, experimenté un avance masivo transformador. Me di cuenta que no era en sí el amor el que me hacía sentir tan mal, pero sí lo era la falta del mismo. El amor en su forma más pura es incondicional y hace que uno sienta nada más que: pura felicidad. El amor no pertenece a nadie: no se puede dar o quitar. Es tan infinito como el espacio y no está restringido por el tiempo. Es una presencia eterna que no comienza ni termina en algún punto, como un círculo. Es algo que surge de lo más profundo de nuestro ser. No necesita ningún objeto para proyectarse. Puede existir sin provocación o causa.

No tiene límites, excepto cuando la mente / ego se involucran. Entonces se transforma en esa cosa fea, que se aferra, que es insegura, es poco realista y es un monstruo de dolor al amamantar. Confundimos nuestros sentimientos de querer poseer a las persona con estar enamorado de ellas. El amor trae alegría y felicidad a todo el que quiere realmente permitir que encarne en ellos. Cuando veas el sufrimiento emocional, sabrás que éste es causado por la falta de amor en esa situación. Cuando sufres mal en una relación, no es porque estás tan enamorado de esa persona. Es porque no puedes dejar ir y amar en el sentido más puro. Te preocupas más por tus deseos y los apegos del ego que por el poder, la paz y la libertad que vienen con el amor incondicional.

Así pues, si te encuentras en una relación insatisfactoria y negativa, gritando "¡Pero me encanta él / ella taaaaanto! ¡Me duele!" entonces presta atención. Busca profundamente en lo que realmente está pasando y verás que el ego está jugando contigo otra vez. Está haciendo que pienses que el amor es dolor y sufrimiento, lucha y que te impide dejar ir, incluso cuando es evidente que dejar ir es lo que necesitas hacer para volver a una vida más feliz y estar más saludable y más equilibrado emocionalmente.

Me di cuenta de lo que realmente significaba amar a alguien. En mi caso, fue el holandés alto que abrió la prisión donde yo había puesto mi amor. Seguía siendo un bastardo traidor jugando a dos tiempos – no hay discusión sobre eso – pero también fue el tipo que me hacía reír y me hacía sentir como si estuviera flotando en las nubes. Se siente bien amar, entonces ¿por qué te separas del amor? Había sido un viaje divertido hasta el rudo despertar. La vida tenía ese brillo extra de bondad. El aire parecía un poco más fresco y hasta el sol parecía brillar. Sin embargo, esas eran todavía las cosas, a las que siempre podía elegir apreciar y experimentar. Así que, ¿por qué tendría que dejar, o negar a otra futura pareja amorosa? ¿Por qué tendría que renunciar a este maravilloso sentimiento de estar completa y totalmente enamorada? ¿Quién dijo que el amor tiene que empezar o terminar o pertenecer a una sola persona? ¿Quién dijo que debido a que no puedes tener y poseer a alguien, tienes que dejar de amarle? ¿Quién dijo que debido a que ya no puedes hacer que el otro sea feliz, tienes que odiar a esa persona por el fracaso? ¿Quién dijo que la falta de perfección en nuestras parejas es una razón suficiente para aferrarse a sentimientos de decepción y resentimiento? Nadie me puso una pistola en la cabeza exigiendo que me quede con estas reglas artificiales sobre lo que es posible y lo que no lo es en el tema del amor. Por lo tanto, decidí que era mucho menos doloroso perdonar, dejar ir y quedarme con la energía del amor en su forma más pura que sucumbe a la negatividad del resentimiento y el rencor.

A través de esta ruptura, tuve una visión más profunda de la verdadera naturaleza del amor. El dolor que sentía al haber sido traicionada y no amada desaparecieron. El holandés y yo seguimos siendo buenos amigos. Le deseé lo mejor y le di las gracias por los buenos momentos que habíamos tenido. También le aconsejé practicar más honestidad y menos egoísmo en el futuro. ¡Mantenerme en la oscuridad acerca de la ex no era tan genial! Señoras, ¿puedo obtener un "Amén"?

Me di cuenta de que el amor era algo que yo tenía y con el que podía conectar en mi interior y no fuera de mí. Mi amor fue puesto en libertad para crecer salvajemente y sin interrupciones. Ya no dependía de lo que otros hicieran o dejaran de hacer. Es como un río que fluye para convertirse en un océano. La fuente del río está dentro de mí y a través de mí, el río fluye hacia el mundo, para convertirse en el océano.

También me di cuenta de que el dolor no tenía la misma garra que solía tener en mí ni el mismo drama que había encontrado en él.

Había descubierto la cura para el dolor del corazón. El arma letal que detuvo al dolor en sus pistas, fue el amor. Mantén el amor vivo dentro de ti mismo y deja que la relación cambie, según sea necesario, a una amistad si es posible, o a un buen recuerdo, si por cualquier razón la amistad no fuera posible. Después de todo, se necesitan dos para tener una relación. Cada historia de amor comenzó con una conexión a ese verdadero amor dentro de nosotros, hasta que el ego se encargó de él y quizo poseerlo, controlarlo y tenerlo todo para sí mismo. Ahora, me imagino que algunas personas se preguntan en este momento – especialmente las mujeres – "¿Qué es exactamente lo quiere decir ella con esto?" ¿Estoy diciendo que todos debemos salir y tener múltiples parejas sexuales y olvidarnos de estar en una relación monógama? Para mayor claridad, no es eso lo que estoy diciendo.

Consejos de pareja

Estando actualmente en una relación de catorce años, sólo puedo compartir lo que he aprendido hasta ahora, sobre cómo casar la verdad con las relaciones humanas. Es importante que pongas tu relación contigo mismo y tu tranquilidad por encima de cualquier otro tipo de relación. De esa manera no estarás buscando a la otra persona para cumplir con tu vida. Esto significa que tendrás seguridad en ti mismo, estarás sano y tomarás esa responsabilidad de ti mismo. Esto es esencial para la formación de cualquier relación fuerte y saludable. Con esta actitud se evitará la mezquindad de los celos o la sobrecarga de presión que puede venir, por el querer ser el centro de la vida de alguien. Estas cosas pueden destruir una relación más rápidamente que casi cualquier cosa. Que te ames, te aceptes a ti mismo y valores lo que tienes que ofrecer a la relación, es importante. Ahora, no estoy diciendo que esto significa estar sin problemas todos los días del año. Sólo significa que vas a compartir el amor incondicional a diferencia del amor ego posesivo. Con mi marido, Kai, puedo decir honestamente que si nuestro amor se basara en el amor del *yo*, hubiéramos firmado ya los papeles del divorcio. Cuando estás más enamorado de la paz, la felicidad y del ser, más que de la relación en sí – entonces estás configurando una relación que no es probable que fracase – por el contrario, ésta podrá realmente florecer. Es entonces cuando las cosas se vuelven muy emocionantes, porque la otra persona se convierte en un espejo en el que puedes ver tu falta de conexión con el potencial ilimitado y el amor en ti. Las relaciones ofrecen un sinfín de oportunidades para ser verdaderamente: tú mismo y acceder a un gran tipo de amor.

Debemos dar a nuestras parejas alas para volar y ser libres, felices, estar llenas de pasión y poder. Si estamos siempre con el miedo de que van a abandonar el nido cuando les damos todo el permiso para brillar y ser ellos mismos, entonces ésta es la receta para crear y manifestar que el amor sólo se basa en el ego. Si preferimos que se vuelvan aburridos y pierdan la chispa que nos atrajo a ellos en primer lugar – para que nadie nos los arrebate – entonces, esto seguramente no será bueno a largo plazo.

No me importa que mi marido mire a una mujer atractiva en la calle. Diablos, yo también doy dobles miradas a cualquier bombón. Él es libre de coquetear descaradamente con mujeres hermosas. Definitivamente quiero la libertad para hacer lo mismo con los hombres. El amor verdadero sabe que se necesita mucho más que un coqueteo inocente, una mirada espontánea, o incluso un baile caliente para romper el tipo de vínculo poderoso que se crea cuando ambos practican el amor incondicional. Es un trabajo duro que no muchos quieren hacer – para mantener su relación basada en la verdad. Es por esto, que al final, muchas relaciones construidas sobre mentiras fallan.

A veces nos quedamos atrapados como parejas. Tomamos mutuamente por sentado y asumimos que merecemos lealtad, hagamos lo que hagamos. Pero, ¿es este un punto de vista muy realista? Creo que la lealtad debe ganarse cada día. Si empezamos a descuidar la otra persona y dejamos de comunicarnos a través del corazón, tal vez eso es lo que nos conducirá a buscar cariño en otra parte. Una vez más, se trata de asumir la responsabilidad de lo que creamos. Si una pareja te ha decepcionado en este nivel, tal vez necesitarías preguntarte cómo es que fueron cómplices de permitir que esto sucediera. Los expertos en la detección de mentiras incluso ahora afirman que tomamos parte de la mentira, al permitir que la gente nos mienta. Y que si quisiéramos, podríamos ver fácilmente percibir la mentira y exigir la verdad.

Siempre me sorprende la forma en que muchas parejas sienten que no pueden hablar abiertamente sobre su vida sexual y los verdaderos sentimientos del uno con el otro. Hay mucha vergüenza, inseguridad y temor en torno al tema. Es un tema tan importante y puede ser motivo de ruptura si no se cumplen las expectativas. Por lo tanto, es importante tratar con éste de una manera completamente honesta. No andar a escondidas, o mirar a las chicas detrás de la espalda de tu novia, o pretender tener orgasmos que no estás teniendo. Ten el valor de tener una discusión abierta y honesta, y si quieres longevidad en tu relación, sigue teniendo esta conversación. Cuando dejamos de comunicar en algún momento, por lo general también dejamos de cuidar demasiado, ampliando la brecha y el desfase y aumentamos la sensación de distanciamiento.

La honestidad es mágica y es una positiva transformación para las parejas, cuando se utiliza con el corazón y con la voluntad de estar vulnerables. Prepara nuevas reglas sobre la marcha de acuerdo a sus caracteres individuales y a lo que les va bien a los dos en un momento dado. Haz lo que quieras hacer, pero procura ser honesto con respecto a tus acciones. La verdad es muy importante porque nos da la integridad y es un destructor del ego. El ego se nutre de mentiras, engaños, humo y espejos – éste dice una cosa y hace otra. Tenemos que alinear nuestras palabras con nuestras acciones si queremos conocer la verdadera profundidad de nuestra integridad y experimentar la verdadera confianza. En mi matrimonio, la verdad nos mantiene conectados y abiertos a los demás. Con mentiras, tendemos a separarnos. Llegar a ser personas de integridad es nuestra calidad más noble a dominar y encarnar. Francamente, en realidad es nuestro mayor reto. Para finalizar este paso, permíteme recordarte que será necesario practicar el amor propio, el amor incondicional, la honestidad total y el mantenimiento de un corazón puro. Esto te hará una persona más feliz.

PASO FINAL: MANTENER LA TRANQUILIDAD
Mantén la tranquilidad – El arte de dejar ir

Ésta es sin duda la lección más grande que he aprendido en mi viaje en el ahora. Papaji diría, "Mahima, sólo sigue tranquila. Pase lo que pase, sólo guarda silencio. Si sucede algo bueno, guarda silencio. Si ocurre algo malo, simplemente guarda silencio".

Esta técnica de "guardar silencio" me hizo verdaderamente darme cuenta del valor de tener una mente tranquila. Nuestra mente nos puede secuestrar hacia el pasado y hacia el futuro. Cuanto más presente estés en el aquí y ahora, menos tu mente te podrá arrastrar dolorosamente. Poner esta técnica en práctica no es tan difícil como puede pensarse. El secreto es simplemente empezar, y una vez que superas los primeros obstáculos para prácticar la habilidad de estar callado, te va a encantar.

El observador

Cuando pensamos acerca de estar tranquilos, un buen comienzo sería literalmente practicar más silencio. En primer lugar, dedica un tiempo para tener plenamente consciencia de cuánto en realidad amas el sonido de tu propia voz. Durante este tiempo de observación, establece un período de meta fija, como una semana o dos. No hagas ningún esfuerzo para cambiar nada, sólo tienes que estar más consciente de cuánto hablas. Jugando el papel de observador, presta atención cuidadosa a tus palabras, acciones y pensamientos. Conoce tus estados de ánimo y actitudes, más íntimamente durante todo el día. Cuando buscamos transformar nuestros hábitos negativos en los que mejor nos sirven en nuestra búsqueda de la felicidad en el aquí y en el ahora, la auto-conciencia es el primer paso. Mira sin juicio, pero más con una curiosidad de ver lo que puedes descubrir sobre ti mismo. Te sorprenderá ver cuán fácilmente puedes mentirte o verte a ti mismo de una manera diferente a la que los otros lo hacen. En última instancia, es más importante cómo nos sentimos acerca de nosotros mismos que cómo nos perciben los demás. Esto se debe a que nos están viendo a través del filtro de su condicionamiento y sus creencias. Recuerda que tu opinión de tí mismo es lo único que realmente importa, porque es que la opinión que afectará en gran medida tu capacidad de ser feliz ahora.

Después de tomar el tiempo para observarme sin juicio, descubrí algo realmente genial. Que yo soy buena en general, con algunos malos hábitos, por supuesto. A veces, las mismas personas (padres, profesores, etc.) que nos deberían dar la capacidad de creer en nosotros mismos y ver lo bueno en nosotros, terminan haciendo exactamente lo contrario, mantienen nuestro enfoque en lo que está mal, en lugar de lo que está bien con nosotros. Así que desconfía de los juicios que otras personas que hacen sobre ti y llega a conocerte a ti mismo más íntimamente de modo que no compres sus proyecciones negativas sobre ti.

Centrarte en lo positivo que hay en ti

Mantenerte tranquilo te permitirá empezar a observarte a ti mismo y al hacerlo, descubrirás lo positivo que hay en ti. Hay una parte positiva en todos nosotros, no importa que tan enterrada bajo la superficie pueda parecer. Es esa parte de nosotros que nos hace sentir bien y que reconoce instintivamente el bien del mal. Sabios y filósofos se refieren a esta parte positiva de nosotros como: nuestra verdadera naturaleza.

¿Qué es lo que buscas en tu experimento de auto-observación? Quieres observar en qué tipo de estado de ánimo te encuentras cuando te levantas por la mañana. ¿Cómo tratas a la gente en tu vida, incluso al desconocido en el mostrador de la tienda de comestibles? ¿En realidad prestas atención a la gente o simplemente te pierdes en tus propios pensamientos? Quieres llegar a estar consciente de cómo tratas a tu cuerpo. ¿Te gusta sobre todo tu trabajo u odias cada minuto de éste y cuentas los minutos antes de las próximas vacaciones o fin de semana? ¿Eres capaz de disfrutar tu tiempo libre? ¿O sigues trabajando en tu cabeza mucho después de haber salido de la oficina? ¿Puedes dejar fácilmente los pensamientos y sentimientos negativos? ¿Te resulta fácil estar en un estado de ánimo positivo? ¿O sientes que estás más atascado en una frecuencia negativa la mayor parte del tiempo? ¿Brindas alegría a las personas que tienen una relación contigo? Incluso los compañeros de trabajo están en relación contigo. ¿Estás tan concentrado en lo negativo, que lo único que puedes hacer es señalar lo que están haciendo mal en lugar de lo que están haciendo bien? Sí, estoy de acuerdo, la gente necesita saber lo que está haciendo mal, pero si esa es la única canción que estás cantando, entonces eso hace a las relaciones tristes y agotadoras. Harías bien en incluir la retroalimentación positiva, por pequeña que ésta sea. Esos halagos o palabras de aliento harán que las personas se queden abiertas a tus comentarios. Enfocarse en las cualidades y contribuciones positivas de la gente que te rodea, es lo que los inspirará a querer ser mejores y a contribuir aún más.

Empieza a practicar esto contigo mismo. Concéntrate en tus cualidades positivas, vé lo bueno que hay en ti. Date cuenta de cuáles son tus fortalezas; halaga y anímate a ti mismo. Es a través del autoconocimiento como la gran transformación se llevará a cabo. Cuando los hábitos limitantes son traídos a la luz, ya no tienen el mismo poder fuerte sobre ti como lo tenían antes. Mantenerlos en la oscuridad les permite prosperar y fortalecer su poder sobre ti. Así que al saber realmente donde está tu enfoque, tienes el poder de cambiarlo a una frecuencia más positiva. Un buen ejemplo es ser una persona desagradable por la mañana. ¿Es esto una píldora amarga que tienen que tragar aquellos que están a tu alrededor? ¿O es tiempo para que veas que este comportamiento es algo que puedes soltar? ¿Qué pretendes aferrándote a esta manera de ser? Te puedo decir, nada positivo. No seas duro contigo mismo; si los hábitos negativos se han apoderado de la manera en que vives tu vida, sólo viendo esto y teniendo el sincero deseo de ser libre para actuar de manera diferente, ya es algo muy poderoso en sí mismo. El cimiento de la conciencia es lo que conduce al desarrollo personal de una forma fácil y natural. La buena noticia es que es más fácil liberarse de estos hábitos de lo que pudiste haber creído antes – confía en mí. El secreto es éste: apodérate, manteniendo tu enfoque en las cosas positivas que hay en ti y a tu alrededor.

El listado de lo que es importante

Así que has tenido tu tiempo de auto-observación y ahora tienes una imagen más honesta de cómo tu personalidad interactúa y aborda el mundo a tu alrededor. ¿Y ahora qué? Toma un lápiz y papel y escribe lo que has observado sobre ti mismo. No te contengas – sé tan generoso como sea posible. Reconoce los aspectos positivos de tu personalidad. Esta lista se cristalizará y traerá a la vida las cosas sobre ti mismo que normalmente damos por sentado. Cosas positivas en tu personalidad que, de hecho, son anclas importantes que te mantendrán positivo en mareas emocionales difíciles.

Permítete tener el poder al conocer todas tus buenas cualidades y aprende a concentrarte en ellas diariamente, así como a ponerlas en buen uso. Ahora haz lo mismo con la lista de lo que no te gusta de ti mismo. ¡No te contengas! Sé honesto pero justo. Hacer esto te ayudará a darte cuenta plenamente de que hay espacio para mejorar. Imagínate si estás en una discusión con alguien y te acusan de algo como: no ser un buen oyente. Si ya has reconocido esto en ti, puedes estar de acuerdo y tratar de hacer un mejor trabajo la próxima vez, en lugar de discutir y hacer un peor desacuerdo. El escenario *flip* sería saber que eres un gran oyente y que esa persona acaba de proyectar su negatividad en ti. Conócete a ti mismo íntimamente y honestamente. Conocerte a ti mismo en todos los niveles, puntos positivos y negativos, en realidad podría ayudar a hacer tus relaciones más fáciles y eficaces.

Período completo de auto-observación

Ahora has pasado tiempo observándote a ti mismo, conociendo tus hábitos y personalidad más íntimamente. Con suerte estás empezando a entender mejor el concepto: "se obtiene más en lo que te enfocas". ¿Dónde está tu enfoque, en ti mismo y en el mundo? No olvides que la personalidad sólo pertenece a la esfera del cuerpo físico. Nuestra naturaleza más profunda es menos individualista y somos más similares en el núcleo, entre nosotros. Así que no te obsesiones tratando de cambiar tu personalidad o dejar los malos hábitos – esto va a suceder de forma natural y va a perfeccionar tu capacidad para mantener tu enfoque en lo positivo. Este es un punto importante y donde la mayoría de los buscadores de la paz y la felicidad en el ahora, se atascan. Deja intentar cambiar lo que eres en el ahora. Sólo concentra toda tu vigilancia en permanecer enfocado en lo positivo en ti y en el mundo que te rodea. El resto sucederá por sí mismo – ¡confía en mí!

Ahora es tiempo de empezar a guardar silencio y dejar ir. Al entender el concepto de "guardar silencio", esto, naturalmente, te llevará más profundamente con el corazón para saber cómo dejar ir. ¡Dejar ir los resentimientos y pensamientos negativos es una de las más bellas habilidades a dominar! Esto, naturalmente, te traerá más profundamente la paz interior en el aquí y ahora.

Cómo mantener la calma

Comienza con lo obvio, como no tener la radio o la televisión como un ruido de fondo en la casa o en la oficina, si eso es posible. Apaga la tele cuando no la estés viendo. Pon la radio cuando la escuches, o de lo contrario es sólo un ruido más, en tu mundo ya ruidoso. Evita siempre mantenerse ocupado con un iPod, iPad o teléfono móvil. Cuando tengas tiempo libre en el tren, autobús o en tu casa, prueba sólo sentarte en silencio, sin hacer nada. Cada vez es más difícil para las personas conectarse con la idea de *simplemente estar* en nuestro mundo en el que todo se precipita y avanza de modo sumamente rápido. Todos tratamos de hacer tanto en un día, una hora o un minuto. La velocidad a la que nos movemos se ha convertido en una auténtica locura, incluso los niños están empezando a sufrir de enfermedades relacionadas con el estrés.

Nuestros días necesitan silencio inyectado en ellos, al igual que nuestros cuerpos necesitan que brote aire fresco en los pulmones y en el torrente sanguíneo. Así como el agua nos repone y elimina a las toxinas, el alma necesita el silencio de la misma manera. Es por eso que anhelamos estar en la naturaleza, porque la naturaleza encierra ese silencio trascendental, tal y como cuando una madre sostiene a su bebé recién nacido, permite que el silencio empiece a trabajar con su magia en tu cuerpo, mente y alma.

Al principio puede ser que escuches los desvaríos de tu mente a un volumen más alto. Cuando apagamos la radio en el coche de camino al trabajo o cuando apagamos el teléfono por ejemplo, la montaña rusa emocional de la negatividad puede parecer aún más intensa, sin nada que nos distraiga. Esto es algo bueno, porque ahora podemos tomar conciencia de lo que realmente estamos sintiendo y pensando. También esto, abrirá la puerta a una mayor paz interior y alegría, para que entren en tu vida. Cuando permitimos tener más conciencia de uno mismo, esto traerá resultados positivos rápidamente.

El silencio trae sabiduría

Cuando permitimos que los altos niveles de ruido innecesario nos rodeen, no sólo bloqueamos a la voz negativa en nuestras cabezas que no queremos oír, sino también a la voz sabia e inteligente que intenta hablar con nosotros a través del corazón. Hay una sabiduría profunda que comienza a hablarnos desde las profundidades del silencio donde nuestro verdadero poder y potencial coexisten. El silencio exterior crea un camino a la quietud interior. Nuestras mentes y las emociones pueden re-equilibrarse simplemente trabajando con el silencio. Como la música o la danza terapéuticas pueden hacer maravillas con la gente, el silencio tiene propiedades aún más profundas para acelerar la auto-curación y promover el autodesarrollo.

Has permitido sumergirte en los brazos del silencio exterior. Ahora es el momento de comenzar, literalmente, a quedarte callado. Este es el secreto para dejar sentir el silencio dentro de ti, más profundamente, a un nivel emocional y mental. Si tienes un problema grande o pequeño, te sorprenderás de lo que puedes lograr a través de simplemente guardar silencio y reflexionar en silencio sobre el problema, permitiendo que tu sabiduría interior te ayude, escuchando más allá del ruido de la mente del ego y sus limitaciones. Tomemos como ejemplo un sentimiento atrapado en una relación dolorosa. Muchas personas acuden a mí con este tema, e incluso puedes conocer a alguien en este momento con esta situación. Una persona puede ir repitiendo a todos los que quieren escuchar lo terrible que es su situación. Puedes pasar horas y horas haciendo esto. Cada vez que la queja se repite, tú le das más potencia y, al mismo tiempo se pierde el poder para actuar. Con cada conversación, tus emociones se elevan, se intensifican y se cristalizan en un sentido negativo. La mayor parte de las conversaciones que tendrás, desgraciadamente, no te llevarán a encontrar soluciones positivas. Las discusiones son más propensas a aumentar las emociones negativas y los sentimientos de desesperanza.

Es posible que sientas y pienses que te ayuda el compartir el problema, pero en realidad este intercambio repetido, puede terminar contribuyendo a un problema cada vez mayor. El hablar mucho también puede contribuir a aspirarte la energía que necesitas para hacer algo al respecto. Así que lo lógico es que si habláramos menos, también tendríamos más energía para contemplar más profundamente el tema y tomar acción.

Cuando hablamos con otras personas acerca de nuestras parejas de forma negativa, aumentamos nuestros sentimientos negativos hacia ellos. Si participas regularmente en las discusiones negativas acerca de tus jefes, familiares, amigos o compañeros, das una gran cantidad de riego a esos sentimientos negativos para que crezcan fuertes y sanos, haciendo que la brecha entre tú y esas personas se haga mucho más amplia. Lo mismo aplica cuando nos quejamos mucho sobre – nuestras finanzas, nuestra falta de esto o aquello. Mi consejo es que, después de haber dicho a todos tus amigos cercanos una o dos veces lo que estás sintiendo, sería prudente que guardaras silencio y dejaras que tu sabiduría interior empezara a hablarte. Este proceso de "guardar silencio" sobre "el tema" te pondrá en contacto con diferentes perspectivas. Hablar puede ser una manera de evitar el trato con todo junto. Si no estás hablando de ello, lo vas a procesar en un nivel mucho más profundo y te sorprenderás de lo rápido que te desplazarás por la crisis o situación. Si el problema es grande o pequeño, esta técnica de mantenerse en silencio es poderosa, y funciona.

Cuando comienzas a practicar esta técnica, encontrarás que no necesitas adivinos o que otras personas te digan qué hacer o lo que puede suceder si haces x,y,z. Tu sabiduría vendrá directamente de la fuente y persona que te conoce mejor que nadie en el mundo entero – tú mismo. Aprende a escuchar a esta voz interior, y nunca subestimes el poder y la claridad de tu propia sabiduría e intuición.

El encuentro con el alto tipo holandés, me aclaró que en última instancia, el amor no tiene principio ni fin, pero es más bien una energía constante que está siempre presente y disponible en el aquí y ahora. Después de contar a mi familia y amigos más cercanos, la triste historia sobre el chico que me encantaba pero que no me amaba, supe lo que tenía que hacer después... sólo callarme! Sabía de mis otras experiencias increíbles, que con este método de silencio, el proceso de dejar ir se manifestaría rápidamente, y efectivamente, y así fue. Cuando le damos espacio para entrar en nuestras vidas, el silencio se apodera y comienza a trabajar su magia en nosotros. Eso es lo que me ayudó a conseguir ese avance. Empecé a cuestionarme a mí misma y ver cómo podría cambiar mi punto de vista para sentirme más positiva y aprender algo de lo que me estaba pasando. Tomé la responsabilidad de lo que estaba sintiendo y dejé de culparlo a él. Esto dio poder y me liberó de las emociones negativas que habían querido seguir secuestrándome.

Vi claramente cómo era mi opinión, cuánto tiempo iba a aferrarme a las emociones negativas. Daño futuro, frustración, dolor, fueron tratados con la misma disposición de no culpar a alguien más, por lo que estaba sintiendo. El silencio es una poderosa energía que puede energizar, rejuvenecer e inspirar grandeza. Trabaja con él. Se podría decir que a través de mi encuentro con el holandés yo encontré oro para mi desarrollo personal. Aprendí a enfrentar y soltar mis sentimientos de traición y decepción de una manera más positiva y eficaz. El silencio es un poderoso maestro, en el que se aprenderá a dejar ir y estar en paz.

Si te sientes atrapado en una relación, y tal vez incluso hay niños involucrados y simplemente no sabes cuál es el siguiente y mejor movimiento. Trata de comenzar a escuchar tu voz con la verdad profunda y la asombrosa sabiduría que hablará contigo a través de las tiernas notas dulces de quietud interior y del silencio exterior. He resuelto innumerables conflictos internos de esta manera y encontré la fuerza para actuar en una dirección positiva, dejando atrás las discusiones que llevan a la nada, en donde no hay cambio, no hay soluciones, sólo más conversaciones y más sentimientos negativos. Este es un instinto de supervivencia que vale la pena desarrollar.

Por alguna razón, tenemos más miedo al silencio que nunca: si hay incluso una pequeña pausa en la conversación, tendemos a temblar y probar rápidamente llenar el espacio con algo, con cualquier cosa!. Me encanta cuando el silencio entra en una conversación porque desde la incomodidad de ese hermoso silencio, a menudo la verdad está expuesta. Tal vez lo mejor es poner fin a la conversación y dejar de sacar leña del árbol caído. Tal vez el oyente no está interesado en el tema. Tal vez la conversación toma un giro hacia un nivel más profundo.

Enamórate el silencio de la manera en la que amas otras cosas que traen grandes emociones a tu vida, como el arte, la música de baile, el cine, el parapente, jugar al tenis o leer libros. El silencio nutrirá a tu auto-conciencia y te dará espacio para reflexionar sobre tus pensamientos, palabras y acciones. Introduce el silencio en la forma en la que vives – no lo llames meditación. Esto podría ser estresante, y comenzarás a pensar que no es para ti. Guardar silencio no es como el yoga o cualquier otro pasatiempo que se adapta a algunas personas y a otras no. Es como el agua potable – todo el mundo la necesita, y cuanto más bebes, mejor es para ti. Tengo un gran respeto por esta energía, que ha trabajado milagrosamente en mí y en la vida de otras personas.

Hace unos veinte años, mi loca y bella hermana me preguntó si le podía prestar dinero. Había encontrado este negocio sólido que garantizaba por lo menos el 100 % de retorno sobre el dinero invertido en tan sólo un mes. Cualquiera que conozca mi hermana sabe que ella es una chica muy insistente cuando está convencida de algo. En ese momento fue imposible decirle que no. Después de que el mes se convirtió en varios meses, se hizo evidente que podría haber un problema con el acuerdo de inversión. Cuando empezó a evitar mis llamadas, de repente me di cuenta que tal vez yo tenía que aceptar que nunca volvería a ver ese dinero. Que de alguna manera algo pudo haber salido terriblemente mal, ¡ahhhhhhhhhh! El monto fue de doce mil dólares. ¡Fue la mayor parte del dinero que tenía en aquel momento! Después de decirles a todos mis amigos la historia y enfadarme mucho con mi hermana por bloquear mis llamadas y dejarme prácticamente sin un centavo en la India, sabía que era el momento de simplemente guardar silencio. Ya casi me había gastado todo el dinero que no le había dado a ella. El miedo estaba nadando en mi vientre, codicioso, tratando de comer todo mi sentimiento de calma.

Un par de días más tarde, después de que conscientemente decidiese dejar de hablar de la situación horrible en la que me encontraba, desde el silencio, una solución brillante vino a mí. Tuve la idea de que podía alquilar un apartamento, ponerlo fabuloso con un presupuesto muy bajo y con mis talentos creativos ilimitados. Entonces podría alquilar el apartamento por un precio que pudiera mantener mi estilo de vida en Lucknow. Calculé por cuánto tendría que alquilar el apartamento, para permitir que el dinero extra pagara mi alquiler y los gastos diarios. Las cifras sumadas y mi plan, podrían funcionar, pero sólo si me encontraba con el apartamento adecuado.

Tan pronto como la solución me vino a la cabeza sucedió que unas horas más tarde oí a alguien decir que se iba y quería a alguien para hacerse cargo del alquiler de su apartamento. Sí, es difícil de creer, pero es cierto. Mis ojos casi se salieron de mi cabeza cuando vi el lugar. ¡Era perfecto! Necesitaba mucho control para no salir de allí bailando estilo feliz, especialmente después de que me dijeron que el precio del alquiler, por alguna razón, era increíblemente bajo. Negocié todavía en él, como era la costumbre hacerlo ahí, y además hey, yo estaba lo más cerca de lo que había estado en mi vida al cero. Y estaba demasiado cerca para mi comodidad. La ubicación del apartamento estaba justo a poca distancia de la sala de meditación y no necesitaba mucho trabajo ni dinero para convertirlo en un oasis impresionante.

Honestamente, apenas podía creer mi suerte. Esto continuó unos días más tarde cuando el universo me presentó a alguien a quien le encantó el lugar y que quería alquilarlo durante medio año. Una semana después de comenzar a utilizar la técnica del silencio, había encontrado una solución. Me pagaron en efectivo por adelantado para el conjunto de los seis meses. Esto es, para mí, lo más cercano a un milagro que uno nunca consigue. El activar esta técnica ha creado cientos de milagros en mi vida de efecto similar durante años y los años en los que he trabajado con él. A veces los problemas se resuelven más rápido de poder decir: "¡Houston, tenemos un problema!" A veces uno necesita un poco más de paciencia y confianza, pero todavía no me ha defraudado.

Guardar silencio combinado con dejar ir es un potente cóctel. Pero podría haber estado totalmente asustada por la idea de no tener ¡nada de dinero! Después de que me bebí este "cóctel", elegí conscientemente meditar, mantener la calma y centrarme en lo positivo que hay en mí y alrededor de mí en todo momento. Decidí permanecer en el presente, abrir el corazón y la mente a lo que pasaría después. Confiaba en que encontraría una solución. Me quedé asombrada de cómo funciona este método para la resolución de problemas.

A mi hermana le tomó cerca de ocho meses para pagarme el dinero, y cuando lo hizo, me devolvió veinticinco mil dólares en lugar de los doce mil que me debía. Sí, ¡lo sé! ¿Quién hace eso cuando no tiene por qué? Ese era dinero extra que no esperaba y para ser honesta contigo, ya me había hecho a la idea de no tenerlo – meditaba y trabajaba en ser feliz en el ahora. Puedo decirte que fue algo glorioso para mi ver todo ese dinero en mi cuenta bancaria. Era como un reconocimiento profundo de lo que había llegado a creer – cuando te centras en la positividad, vas a obtener más de eso en su vida. Es así de simple.

Mi hermana, tengo que decirlo, es un ser humano increíblemente generoso, ayuda a tanta gente, a miembros de la familia y a desconocidos. Ella va por encima y más allá de su deber cuando se trata de su generosidad financiera y emocional, un verdadero ejemplo de un ángel en la tierra, que toca y mejora la vida de otras personas de una manera increíble. Ella es sin duda un gran modelo a seguir en mi vida. Graciosamente logró convertir la adversidad en combustible y pasión para su desarrollo personal. ¡Continuamente me sorprende!

Toda la situación me enseñó mucho sobre la confianza y cómo conseguimos más, de donde nos estamos enfocando. Cuando sólo podemos mantenernos en silencio, cuando dejamos ir y vemos cómo las cosas funcionan por sí mismas, empezamos a darnos cuenta de la cantidad de energía que desperdiciamos preocupándonos y desgastándonos, sacando conclusiones sobre el análisis y más graciosamente, tratando de cruzar puentes antes de siquiera llegar a ellos. Las cosas no siempre son lo que parecen, así que no trates de sacar conclusiones precipitadas. Decide parar, respira profundamente, guarda silencio, mantén una mente abierta y pacífica, sólo deja ir en lugar de entrar en estados de prolongado y alto dramatismo, angustia o caos emocional negativo. La vida te presentará muchas oportunidades para que pongas este maravilloso paso en práctica, así que si pones tu corazón en el dominio del silencio, tú puedes llegar a ser bueno en eso – en muy poco tiempo.

Si tú tomas en serio el deseo de libertad personal de la infelicidad y la confusión, entonces por favor invita al silencio en tu vida y en la forma en que tú tratas con los problemas, y verás los resultados y tal vez incluso algunos saltos cuánticos en un *tú* más pacífico y potente. Por cierto, en menos de dos años después de haber sido rechazada por el que pensé en ese momento que era el amor de mi vida, conocí a un hombre aún más increíble, mi marido, Kai. Esta relación ha superado con creces todo lo que yo deseaba, y creéme, yo lo deseaba! Si creía que el otro tipo era genial, no tenía ni idea, realmente. Él era muy bueno, pero Kai está completamente en otra liga. Doy gracias a mi estrella todos los días. El punto al que quiero llegar es el siguiente: sólo guarda silencio, observa, aprende y trata de mantener la calma y abrir el corazón y la mente, no importa lo que la vida te depare. Nunca se sabe cómo las cosas van a resultar al final. Lo malo puede llegar a ser bueno y lo que te parecía que era bueno puede llegar a ser ¡mega bueno! El universo quiere que tengamos éxito – sólo tenemos que confiar.

Dejar ir

Dejar ir, es fundamentalmente asumir la responsabilidad de elegir dónde poner tu foco. Lo que dices y haces, o lo que no haces dices y no haces. ¿A quién permites entrar en tu círculo íntimo y cómo decides pasar tu valioso tiempo en este planeta? La única cosa que he presenciado una y otra vez, ya que trabajo con las personas para ayudarles a encontrar la paz en el aquí y ahora, es la falta de voluntad de ser plenamente responsables de sus decisiones. Es como la línea entre la niñez y la edad adulta que no ha sido plenamente comprendida, aceptada y cruzada. ¿Suena duro, no? Déjame explicarte.

Cuando éramos niños, estábamos bastante indefensos y no teníamos elección. Necesitábamos ser alimentados, bañados e incluso necesitábamos a alguien para cambiar nuestros pañales. A medida que fuimos creciendo la mayoría de nosotros podría empezar a hacer eso y otras cosas por nuestra cuenta. Sin embargo prácticamente teníamosuvimos que aceptar y seguir las reglas de nuestros padres, estuviéramos de acuerdo o no con ellos. Eligieron nuestra religión, nuestras escuelas, nuestra ropa e incluso la forma en que llevábamos nuestro cabello. Esto pudo haber sido a años luz de distancia de los niños de hoy, pero al menos así es como me criaron a mí. Los padres también trataron de escoger a nuestros amigos, aprobando a algunos y desaprobando a otros. Ellos nos enseñaron cómo hacer casi todo, incluso controlaron el lenguaje que usábamos y la manera en que hablábamos.

Nuestros padres y la sociedad nos moldean en los adultos jóvenes que somos. En el momento en que podíamos decidir por nosotros mismos, estábamos demasiado ocupados tratando de ser lo que ellos querían que fuéramos. Podría ser que nos hemos olvidado de cortar el cordón umbilical invisible que tenemos con ellos y hacer la transición importantísima de sentirnos incapaces a sentirnos con poder. Este es un punto serio que realmente me gustaría que consideraras. Veo a muchos adultos que culpan a otros por sus malos sentimientos, y la familia está a menudo en la parte superior de la lista de la culpa. Crecer y empoderarte es involucrarte plenamente con tu libre albedrío, un libre albedrío que se desarrolló poco a poco junto con el aprender a caminar y a hablar a medida que crecimos más altos y más fuertes. La capacidad de tomar decisiones – eso es libre albedrío. Tomamos decisiones todos los días que afectan al cómo nos sentimos y a lo que nos podría pasar.

Si estás dispuesto a asumir toda la responsabilidad de tus decisiones, comenzarás a aprovechar tu increíble fuerza interior y los sentimientos de empoderamiento. Empezarás a vivir en una realidad donde te sientes más en control en el aquí y ahora. Soltar las emociones negativas como la tristeza, la ira y el miedo es una opción personal que puedes tomar a cada minuto del día. Puedes activar tu elección, a tu libre albedrío, parar, respirar, mantener la calma y dejar de lado las emociones negativas al optar por centrarte en las positivas. Por mala que sea la situación, siempre hay dos caras de la moneda. ¿De qué lado deseas poner tu foco – en el signo más o en el signo menos?

Cuando tomé la decisión de crecer y aceptar plenamente que no era una víctima de mis circunstancias, sino también en gran medida una creadora de mi realidad cotidiana, me había hecho a mí misma, y mi vida realmente se había vuelto más alegre. Llegó a ser alegre, porque me di cuenta de que el secreto de mi felicidad realmente se encuentra dentro de mi capacidad para tomar mejores decisiones y elegir conscientemente y no dar combustible a los sentimientos y pensamientos negativos.

Hice una gran limpieza en mi vida y me sentía "¡Wow! Por fin estoy creciendo y se siente bien". Volví a examinar algunas relaciones y decidí qué el papel quería jugar en mi vida. Como un niño que está muy indefenso en la elección de sus relaciones. Esta es una de las mayores ventajas de la edad adulta. Elige tu círculo íntimo con sabiduría. Rodéate de gente positiva, amorosa y comprensiva.

Como adulto, tú decides cómo quieres hacer las cosas y cuál es el camino que vas a tomar. Tú decides lo que es posible y lo que es imposible. Establece y define bien los límites. Tú decides hasta dónde irás y cuándo dejar o cambiar de carril. Ah, ¡y las alegrías de ser un adulto! Ten el coraje de ser auténtico y labrarte tu propio camino. Sabes, puede ser un camino que nadie nunca se ha atrevido a tomar antes o un camino conocido y muy usado. De cualquier manera, es tu elección. No es suerte.

Ahora toda la parte, es obvia, y estoy segura de que todos han tenido o tendrán ese momento de crecimiento en su vida. Sin embargo, debemos ir a lo más profundo, liberándonos de influencias y creencias negativas que nuestros padres y la sociedad nos han enseñado.

Las creencias son cosas poderosas

Nuestras creencias son cosas poderosas que nos encarcelan o nos liberan. Toma conciencia de cómo las tuyas afectan tu comportamiento y patrones de pensamiento.

Un ejemplo que te puedo dar es el siguiente: Yo crecí en un país donde el racismo era una forma de vida, y la mayoría de las personas lo aceptaban. No sólo los negros contra los blancos, pero los indios contra los negros y mulatos contra los negros, los blancos y los indios. Como parte de mi gran limpieza espiritual cuando me di cuenta de que era hora de crecer, reconozco que había un poco de racismo y prejuicios en mí. No era fuerte y todo lo consumía, pero de cualquier modo, estaba allí, escondido hábilmente detrás de excusas y argumentos lógicos, una sutil energía fea que me hizo juzgar a la gente sin conocerla o me dio un cálido resplandor de arrogancia en torno a ciertas personas. Definitivamente yo necesitaba ver una tendencia para querer saltar a conclusiones acerca de las personas por su apariencia, posición social o nivel de educación.

No me gustaba esto de mí, así que lo puse en mi lista y lo observé. Fue aprendido del comportamiento de mi familia y la sociedad. Durante mi infancia era común para los adultos de mi familia el utilizar palabras despectivas contra otras razas. En este momento es mejor si yo no entro en detalles. ¡Deja volar tu imaginación! Estas cosas nos afectan y aunque pensamos que hemos escapado de ser igual que las que personas que nos enseñaron, debemos trabajar para asegurarnos de que es realmente verdad.

¿Cómo podrías cambiar tus actitudes e ideas que te enseñaron, pero no sirven necesariamente a las cualidades más elevadas de integridad, amor y paz? Es importante reconocer dónde podemos ir a través de los movimientos, como la sensación de calor en la arrogancia de sentirnos mejores que nuestros padres mientras que en realidad no somos muy diferentes a ellos. A todos nos gusta pensar que somos buenas personas y que no necesitamos molestarnos en trabajar activamente en ser mejores personas. Este es un punto de vista típico del ego.

Personalmente, creo que todos somos sutilmente muy racistas y estamos predispuestos en algún grado, y sí algunos de nosotros en menos grado. Primero debemos admitirlo en nosotros mismos con el fin de realmente trascenderlo y empezar a tratar a los demás con la equidad y la cortesía que deseamos recibir. La única forma en que podríamos haber evitado totalmente tener algún tipo de prejuicio o racismo es si hubiésemos nacido y o bien, sido criados en otro planeta. Por favor, trata este tema con la mayor integridad y honestidad posible en lugar de negarlo absolutamente y sin responsabilidad. De esta forma, podemos empezar a hacer realmente un progreso si buscamos llevar paz económica y espiritual a más lugares en este mundo. Empieza tomando mejores actitudes en torno a este tema, en tu propio vecindario y en las empresas, mediante el fomento y la aceptación de la diversidad.

Ser una persona extraordinaria es tener el coraje de admitir a ti mismo en qué aspecto podrías ser mejor y después dar manos a la obra. Empieza a escuchar las conversaciones a tu alrededor. Te sorprenderás de lo que escuches cuando te tomes el tiempo para oír, sólo como un observador neutral, a lo que la gente dice y cómo lo dice. Empezarás a despertar a la verdad de lo que realmente está pasando, en lugar de vivir en la mentira de lo que esperas que esté sucediendo a tu alrededor. Aspira cada día a ser mejor, más fuerte, más sabio y más tranquilo. El silencio te ayudará a hacer esto. Si tienes una voluntad libre, úsala sabiamente para empezar a construir una comunidad maravillosa, amando a las personas de tu alrededor. Predica con el ejemplo. Es como el reciclaje – mientras más personas participen, haremos un mayor bien a este planeta. Cuantas más personas aumenten sus niveles de integridad y de alegría, más potente será el efecto sobre el futuro que estamos creando por nuestras acciones en el presente.

Antigua sabiduría

Hay una gran sabiduría en las antiguas escrituras y en los libros, pero también hay ideas que crean mucha separación y sufrimiento entre nosotros los seres humanos. Debemos poseer esto para avanzar de una manera más positiva. Toma el conocimiento que suena a verdad en tu corazón y ten el coraje de rechazar todo lo demás. Tenemos que tratarnos con más respeto, y la religión, tristemente y con ironía, a veces no nos permite hacer eso.

En todas las religiones hoy en día, existe una gran cantidad de sabiduría y también hay muchas ideas y conceptos anticuados. ¿Tienes el coraje de mirar en tu religión lo que podría ser anticuado o detectar filosofías anticuadas que generan conflictos? ¿Por qué estamos todavía tan preocupados por lo que alguien hizo hace miles de años para ayudarnos a entender lo que tenemos que hacer hoy? Lo peor de todo, es que esos libros han existido desde hace miles de años y sin embargo, todavía hacen y han hecho cosas horribles e incluso impensables el uno al otro. Grandes guerras mundiales, la esclavitud, la falta de poder de las mujeres – sólo por mencionar algunas de las "grandes cosas" que hemos hecho mientras estábamos totalmente bajo la poderosa influencia de la religión. Tal vez una de las peores cosas que hemos hecho, es establecer un sistema que mantiene a unos en la pobreza y en la suciedad, mientras que otros prosperan y disfrutan de extraordinaria riqueza. ¿Sabías que alrededor del 85 % de la población mundial sigue una religión? ¡No nos equivoquemos – su influencia sobre nosotros puede ser seriamente parte de la lenta evolución de la compasión humana! Hay límites obvios en su capacidad para ayudarnos verdaderamente a unirnos como una sola raza humana, parados uno junto a otro en lugar de separarnos en la lucha. Respetando en lugar de temerse mutuamente.

Algunos pueden argumentar que la avaricia y el poder son responsables de esta división y que esta falta de unidad entre los hombres no está en absoluto relacionada con Dios. Yo diría que, durante siglos, en todo el mundo, casi todos los políticos han pertenecido, con gran pasión y entusiasmo, a algún grupo religioso. Sin embargo, su capacidad para unirnos en nuestro amor por los demás y por este planeta está todavía a años luz de distancia de donde necesitaría estar, para que todos pudieran prosperar y la justicia económica, la armonía espiritual y la regla del equilibrio gobernaran el planeta Tierra.

Cuando se trata de nuestras religiones, la razón y el sentido común parecen salir por la ventana! Sin embargo, no hay que quedarse demasiado tiempo en los efectos secundarios de ser una nación todavía fuertemente adicta a la droga de la religión. Vamos más bien a centrarnos en lo positivo – ya que estás leyendo estas palabras, ojalá que te atrevas a cuestionar tu religión mucho, mucho más. No sólo los textos antiguos o a los sacerdotes, monjes, rabinos u otros líderes religiosos, sino también a ti mismo. Espero que en el poder de este cuestionamiento puedas liberar tu mente y el corazón de cualquier pensamiento mezquino y cruel y dejar de seguirlo tímidamente y ciegamente. Y también de permitir que las cosas continúen de la forma en la que sabes muy en el fondo, que debería haber parado desde hace mucho tiempo.

La gente creía que el planeta tierra era plano, hasta que se convirtió en conocimiento común que sin duda no lo era. ¿ Dios debe de tener un nombre o una cara? ¿A qué ideas arcaicas te aferras que nos haría bien a todos si las dejaras? En el silencio, podrás hablar menos y escuchar más. Tendrás tiempo para reflexionar no sólo sobre lo que puedes comer para la cena de esta noche, sino también en las cuestiones más profundas sobre las que realmente debemos reflexionar. Debemos hacerlo si queremos llegar mucho más allá de lo que ya sabemos. Preguntas como: ¿Quién soy yo? ¿Practico el amor incondicional? ¿Juzgo a la gente por como se ven o por su estatus? ¿En qué energía estoy vibrando y poniendo al mundo a mi alrededor? ¿Qué papel juegan mis creencias en lo que estoy creando en mi vida diaria? ¿Es La felicidad un don concedido a unos pocos afortunados, o una elección personal? ¿Qué puedo hacer yo en este momento para cambiar de dirección a un camino más positivo?

Necesitarás el silencio para contemplar y reflexionar sobre estas cosas durante toda tu vida. Tenemos esta mente brillante que no existe sólo para saber en dónde vivimos y cuál es nuestro nombre . Está no sólo para que podamos llegar a ser un gran médico o un empresario – puede también utilizarse para enfocar, explorar y descubrir la esencia más profunda de nuestra verdadera naturaleza humana, una naturaleza que nos permitirá experimentar la paz y el amor que no conocen límites, excepto el que nos imponemos de forma individual.

Coraje para volar del nido

Podemos aprender mucho de los profesores, pero también podemos quedar fácilmente atrapados en el viaje del maestro. En algún momento en tu viaje tendrás que renunciar a la relación profesor-alumno con el fin de dar ese último paso hacia la libertad y vivir tu propia verdad. Ahora, eso no significa que tienes que empezar a hablar mal o rechazar a tu profesor de ninguna manera. Eso sería ridículo y de poca integridad. He visto algunas personas que se frustraron tanto con ellos mismos que en algún momento hicieron precisamente eso. Con esta acción, tirarías los años de buen trabajo que pudiste haber tenido con tu maestro.

Lo que quiero decir es que con el fin de crecer más fuertes y más claros, tenemos que estar dispuestos a cortar el cordón umbilical que nos ha nutrido con conocimiento, amor y energía.Cortar el cordón umbilical es una decisión consciente que tendrás que hacer y saber cuándo hacerla. Tendrás que superar tu propia inseguridad y las dudas de la gente que te rodea. Otras personas alrededor del maestro te fruncirán el ceño cuando hagas esto. Puede que incluso digan que es imposible que hayas alcanzado el mismo estado del profundo despertar que el maestro tiene. Esto se puede o no decir directamente con palabras, pero sus acciones y la forma en que te traten, dirá este mensaje lo suficientemente fuerte. Esta creencia en la supremacía del maestro limita a muchos seguidores y es por eso que, incluso después de muchos años de meditación, algunas personas todavía se sienten atrapadas en el sufrimiento personal. Ellos están atrapados en el viaje del profesor y en la trampa de la iluminación. Ellos han puesto a su maestro en un alto pedestal de tal manera que ya no pueden ver que el maestro es sólo un espejo. Ellos han relegado su poder. Tristemente, muchas personas tienen una idea equivocada de lo que significa estar despierto y tontamente esperan que el despertar los liberará de su naturaleza humana.

Sentir que el maestro es sabio y sabe más que tú, es una perspectiva correcta cuando llegas por primera vez en presencia del maestro para aprender y desarrollarte. Hay un momento, sin embargo, cuando el profesor te ha ayudado a absorber su conocimiento y todo se ha dicho. Todo ha sido dado, experimentado y entendido más allá de la mente. Este es el momento de hacerte a un lado y permitir que tu propio gurú interior asuma el control. Si no se reconoce cuando llega ese momento, puedes quedar atrapado en los conceptos de la mente, ideas y creencias acerca de la libertad, que no tienen nada que ver con ser pacífico, amoroso y estar presente en el aquí y ahora.

Después de haber pasado tantos años alrededor de los buscadores, he sido testigo de lo que pasa cuando las personas pierden este punto y sin descanso corren más y más y más detrás de lo que absolutamente no pueden decir, pero que creen que existe.

Ellos se esfuerzan por comprender y dar este último paso: ser dueño de tu libertad, asumir la responsabilidad plena de tí mismo y convertirte en tu propio maestro. Pon en práctica todos los días todo lo que has aprendido – pon esa sabiduría en cada paso, aliento, palabra y acción.

Es el último paso que ha dado cada hombre o mujer que dice ser libre. Con el profesor adecuado, el despertar es la parte fácil. Vivir de verdad en un mundo que está haciendo todo lo contrario, es la parte más interesante, emocionante y un poco desafiante. Esa es la parte que puede provocar dudas acerca de lo fácil que es. Es por ello que es bueno tener un guía y un líder fuerte a lo largo de ese camino. Por eso también estuve algunos meses lejos de Lucknow. Yo estaba desarrollando esa relación con mi propio gurú interior. En el momento en que Papaji murió, mi gurú interior caminó felizmente en sus zapatos. Años antes de morir, Papaji me animó a empezar a compartir las sesiones de meditación con otras personas. No tenía ni idea de por dónde empezar, pero yo sabía que se convertiría en algo claro, cuando llegara el momento adecuado, por eso seguí con lo mío. Cuando él murió, yo sabía que estaba lista. Sabía que había llegado el momento de extender mis alas y volar fuera de ese maravilloso nido acogedor y protector de la relación profesor-alumno. Era el momento de dar el último paso hacia la verdadera libertad.

Una vez que tomé la decisión, volé de Nueva York, a Bali y me ofrecieron la oportunidad de compartir mis conocimientos en un hermoso centro de retiro en las colinas de una ciudad pequeña en el lado norte de la isla. Una vez más, todo parecía encajar perfectamente. Aquella sesión de meditación se convirtió en una serie de invitaciones para enseñarla en toda Europa. Me encontré dando sesiones en varias ciudades de Francia, Suiza, Bélgica, Holanda y Alemania.

Me sorprendió cómo mi vida tomó su propia forma. Realmente puedo animar a cualquiera a atreverse a seguir su verdadera pasión. Sigue a tu corazón, no a tu cabeza. Sigue tus sueños, no te conformes y no renuncies a ellos, pase lo que pase. Te sorprenderás maravillosamente de la forma en que las cosas llegan, incluso mejor de lo que tú imaginabas, siempre y cuando te mantengas positivo y presente en el ahora.

EPÍLOGO

Todo lo que necesitas para ser feliz está dentro de ti.

Una vez que realmente puedes abrazar este concepto, vas a tener días más felices de ahí en adelante. Lo que nos hace sufrir es que nos fijamos como una meta el llenar la sensación de vacío sin sentido. Buscamos el amor en los demás cuando el amor está en nosotros. Buscamos el respeto y la bondad de los demás, cuando ni siquiera nos los damos a nosotros mismos. Nuestra atención se centra en lo negativo, mientras que tanta belleza está dentro de nosotros y alrededor de nosotros. No queremos asumir la responsabilidad de lo que sentimos. Preferimos simplemente culpar a otros por nuestros sentimientos negativos.

Nos falta la integridad y tenemos prejuicios contra las personas que son diferentes a nosotros, pero nos convencemos de que no es así, mientras que nuestras acciones tristemente revelan la verdad. Algunos de nosotros tenemos todo lo que podemos necesitar y más para ser tan felices y tan libres como un pájaro en el cielo, y sin embargo, no podemos dejar de quejarnos o de evitar la sensación de que falta algo. Creemos que es correcto poner obligaciones laborales antes de las necesidades emocionales de nuestra familia y nuestras relaciones de amor, en lugar de encontrar una manera de traer alegría a ambos al trabajo y al amor.

Tenemos de dónde elegir, y sin embargo, nunca es suficiente. Estamos perdidos en nuestros egos que nos ocultan la verdad, pero no reconocemos que estamos perdidos. Creemos que tenemos el tiempo, cuando está claro que el único tiempo que tenemos es este momento. Pasamos tanto tiempo llorando sobre la leche derramada y nos preocupamos por el futuro, aunque el momento tiene la solución para nuestra paz mental.

Destruimos el planeta con nuestra ambición por el dinero y el poder; sin embargo, lloramos por los pobres que sufren. Vemos el desequilibrio, pero no encontramos soluciones duraderas. Oramos a Dios para que nos perdone en lugar de ser responsables de nuestras acciones. Creemos que el amor es poseer y controlar a alguien y cortar sus alas para que no pueda salir volando. Algunas personas no hablan más a sus ex parejas y todavía están tratando de enseñar a sus hijos sobre el amor y el perdón.

Tratamos a los demás con desprecio y falta de confianza o de atención, pero esperamos que la gente nos quiera y nos trate con respeto. Culpamos al mundo por lo que estamos sintiendo cuando no hacemos nada para sentirnos mejor. Algunas personas pueden leer estas palabras con frustración, con una cierta cantidad de ira y quizá incluso con una buena cantidad de negación.

Sin embargo, si sólo pudiéramos aceptar nuestros defectos, podríamos comenzar el proceso de verdaderamente superarlos y llegar a ser mejores seres humanos. Tomar conciencia de sí mismo es el primer paso. Debemos aceptar nuestra realidad actual y darnos cuenta de nuestra increíble belleza y luz interior.

Debemos estar dispuestos a enfrentar la verdad de lo que hemos sido, la verdad de lo que somos y la verdad de lo que nos convertiremos cuando sigamos por el curso en el que vamos. Detente, respira, relájate y comienza la partida hacia una nueva dirección, una dirección en la que se celebre la diversidad, el trabajo unido, deteniendo la matanza y la lucha. Una dirección en la que se enseñe la unidad, el intercambio y la armonía. He tenido muchas conversaciones con muchas personas de todos los ámbitos de la vida, y, tristemente, veo bastante negación devorando la capacidad superior de las personas en actuar con mayor conciencia de sí mismos y tener compasión humana. Toda la bondad está allí dentro de nosotros, eso es seguro – pues nacimos con ella. Sólo tenemos que tener el coraje de acercarnos a ella y darle a ese aspecto de nosotros, un mayor espacio en nuestra vida cotidiana.

Domina la capacidad de tratarte a ti mismo con amor, bondad y respeto. Luego, continúa con la práctica con las personas que te rodean. Sé un buen líder y dirige a las personas a tu alrededor para ser mejores seres humanos, más amables, más pacíficos y felices. Haz de tu misión en la vida el ser una persona de integridad. Vamos a dejar de señalar con el dedo en todas direcciones y a ponernos a trabajar en nosotros mismos.

Esto tomará todo tu corazón y dedicación para que esta idea tenga éxito, la idea de que una persona – tú – puedas marcar una gran diferencia en las vidas de muchas otras personas. A veces sólo será a través de una cálida sonrisa que le des a un extraño solitario, o algún mayor acto de bondad con el que elevarás las vidas de las personas que te rodean.

Tú puedes marcar la diferencia. Eres increíble. Eres fuerte y poderoso. Tienes una bondad sin límites y energía dentro de ti. Bucea hacia tu interior, encontrarás la verdad dentro de ti mismo y tendrás el coraje para empezar a vivir verdaderamente tu vida diaria, incluso si esto va en contra de todo lo que se te ha enseñado o condicionado a creer que es posible.

En cada corazón humano se encuentra un fuego ardiente y el deseo de paz, amor y felicidad. Cuando sopla el viento adecuado, el fuego puede convertirse en una hoguera que quema todo lo que no es bueno en un individuo, todo lo que impide u obstruye tu luz interior para que brilles más que la estrella más brillante del universo. Házte la pregunta "¿Quién soy yo?" La respuesta te liberará del sufrimiento. Practica el amor incondicional: ámate a ti mismo y amarás al mundo, la vida será más mágica. Guarda silencio y tendrás acceso a la inmensa sabiduría y a la energía transformadora. Tres pasos simples y poderosos para ser más feliz.

¡Ahora para, respira, relájate y ama el silencio! Te hará más feliz.